从0开始学交易

股票、基金、期货、可转债实战

罗翔◎著

电子工业出版社
Publishing House of Electronics Industry
北京·BEIJING

内 容 简 介

作为一个财经自媒体人及一个资深的投资者,我很了解大家在投资理财方面的痛点,因此我希望通过写书的形式,将我的真实感受和经验分享给大家,帮助大家拨开投资理财道路上的迷雾。

本书共 10 章,从是什么到为什么,再到怎么做,层层深入。首先,带大家了解市场上有哪些投资产品及其各自的特征;然后,介绍交易时常用到的方法,从概念理解到实操案例,力争让大家一看就懂,一学就会;最后,介绍如何做好投资理财,需要做哪些准备。由浅入深,本书内容适合不同阶段的投资者阅读。

未经许可,不得以任何方式复制或抄袭本书之部分或全部内容。
版权所有,侵权必究。

图书在版编目(CIP)数据

从 0 开始学交易:股票、基金、期货、可转债实战/罗翔著. —北京:电子工业出版社,2023.10
ISBN 978-7-121-46369-3

Ⅰ.①从… Ⅱ.①罗… Ⅲ.①股票投资—基本知识 Ⅳ.①F830.91

中国国家版本馆 CIP 数据核字(2023)第 175541 号

责任编辑:董 英
印　　刷:天津千鹤文化传播有限公司
装　　订:天津千鹤文化传播有限公司
出版发行:电子工业出版社
　　　　　北京市海淀区万寿路 173 信箱　　邮编:100036
开　　本:880×1230　1/32　印张:8.25　字数:264 千字
版　　次:2023 年 10 月第 1 版
印　　次:2023 年 10 月第 1 次印刷
定　　价:69.00 元

凡所购买电子工业出版社图书有缺损问题,请向购买书店调换。若书店售缺,请与本社发行部联系,联系及邮购电话:(010)88254888,88258888。
质量投诉请发邮件至 zlts@phei.com.cn,盗版侵权举报请发邮件至 dbqq@phei.com.cn。
本书咨询联系方式:faq@phei.com.cn。

推　荐　序

"不要懵懵懂懂地随意买股票，要在投资前扎实地做一些功课，才能成功！"

这是《笑傲股市》的作者威廉·欧奈尔给投资者的忠告。

做财经自媒体的这些年，我接触了非常多的投资者粉丝，并与他们成为朋友，也幸得这些粉丝朋友们的支持，我才得以在这条路上持续地走下去。

在与投资者接触的过程中，我发现非常多的投资者都不具备系统性的投资理论，更有甚者，连一些基础的常识性概念都知之甚少，我认为这是很可悲的事情。

经常有粉丝向我咨询投资的相关问题，但是我无法一一答之。罗翔是我们团队的股票基金负责人，他自己是在股票投资上真正拿到了结果的，故而我和罗翔商议，是否可以将投资实操中真正有用的基础知识做一个整理，帮助零基础或者说知识零散的朋友搭建起投资大厦的地基，让他们少走弯路。

罗翔听后，觉得这个想法非常不错，于是就诞生了这本书。

时代变迁，不觉间我们也进入了低利率时代，中国一跃成为全球第二大经济体，而与此同时，人口红利和发展中国家的优势也在逐步减弱甚至消失。

随着低利率、低通胀时代的到来，我们每个人都真切地感受到钱难挣了，投资确定性越来越稀缺。

十年前，买房就是最好的投资，简单而有效，存款放在银行，其年化收益也能达到 4%~5%。而现在，房子的投资属性已经很难体现，银行存款利率也低于 3%。

对我们而言，掌握更多的投资理财知识，学会多样化的资产配置，应该成为我们的必备技能。希望读者朋友能从现在开始，从看到这本书开始，行动起来。

本书从市场行为分析到宏观周期解读，再到个股知识初步介绍，结合常见的技术形态分析、实操中的财务分析，由表及里、由浅入深，让投资者真正明白什么是投资，投资为什么亏钱，如何才能走出亏钱的怪圈，如何做才是行之有效的实操方法。

本书从投资是什么，为什么大部分人投资的结果都是亏损的，如何才能做好投资等方面入手，真正解决投资者的痛点，解决投资的难题。

当然，投资这件事情需要海量的学习和深厚的功底，绝不是一本书就能说完的，本书旨在帮助投资者建立正确的投资思维，搭建基础的投资框架，以此书为基，深入学习。

投资也是一门工作，需要认真对待，如果不确定会不会有报酬，那么最好先等一等。

本书主要根据罗翔的个人实战经验做了总结，具有实操性，当然也会有局限性。因为个体的差异，投资者需要找到适合自己的投资方法，但是知识的底层是统一的。

希望每一位投资者在开始自己的投资之路之前，都先做好准备。这就像穿越无人区一样，前方充满未知和凶险，可能有美景，也可能有虎狼。

一定要记住的是，先准备好罗盘，方向对了，才会到达终点。

落英（杜笑笑）
2023 年 8 月 23 日

前　　言

很开心能给大家分享我的投资理念，在投资市场上没有绝对的真理，即使你赚到了不菲的财富，也不意味着你就是掌握真理的那个人。

因为投资是一场没有终点的马拉松，我们要在这条路上一直跑下去。

同大家传统印象不一样的是，我并不是金融科班专业出身的投资人，因此投资这条路我是从实践开始出发的，刚开始时我的理论知识并不扎实。

当然，整个投资的过程中，我还是受了很多伤，于是痛定思痛，开始学习理论知识，并结合实践及对人性的理解，取得了不错的成绩。

正是因为自己曾被淋成落汤鸡，所以我觉得自己有义务为信任自己的人撑起一把伞。

由于我的投资过程是从实践到理论，所以我对理论知识的理解，反而比某些纯理论研究者更深刻。

这十几年来，我还能站在这个市场里，不敢称自己是成功者。但至少，我可以用接地气的语言，把自己对投资的理解表达出来，让更多的人有机会看到这些文字。

投资是多样化的，未来的资产配置也应该是多样化的，所以本书不仅介绍了股票投资，而且对可转债、期权、期货等也做了初步的介绍。

第1章，从多角度分析"为什么投资难"。情绪是一把双刃剑，善用者以此为盾矛，不善用者反被其伤。从市场行为到个人行为，帮投资者厘清其中的陷阱。做投资当如市之隐者，深处闹市繁华，依旧恪守心静。

第 2 章，介绍了投资不仅是经济学，更是行为学、心理学、哲学的综合运用，因为我们面临的不仅有经济现实，还有群体心理。

当群体足够大的时候，群体心理自然也就成为一种现象，我们可以从中窥见市场长期处于供需失衡状态的真相，进而做出自己的投资决策。

第 3 章，讲述了万物皆周期，一切因果皆是因为有轮回，周而复始，才有意义。因此，我们要在不同的周期阶段做不同的事，要学会借助周期的力量。

就像绿海龟一样，由于浪的起落有周期，所以绿海龟在浪打向岸边时尽量保持原地不动，在浪回到大海时则加速向前。逆周期时不对抗，才能在顺周期时借力远航。

第 4 章，从交易行为入手分析，结合我多年的交易历程和心得，剖析行为背后的真相，把投资会经历的过程给投资者讲清楚。

因为自己走过一遍投资的路，又见无数的投资者踏上同一条路，所以我有一些心得体会。希望通过本章让后来者能够避远就近，少走些弯路。

第 5 章，从股票是什么，交易中常见的 K 线形态、成交量、市场交易者的交易风格、筹码峰等方面入手，带投资者理解真正的实战投资真相，看清价格背后的故事。

第 6 章，从公司基本面分析，认识资产负债表，学会看清上市公司真正的价值，洋洋洒洒数十页的财报，哪些内容是真正对我们投资有用的，都会在本章告诉你们。

第 7 章，介绍可转债作为一种特殊的投资产品，打破了投资中的不可能三角，真正实现"既要、又要、还要"。而这样的一款投资工具知之者居然甚少，这岂不可惜？本章将带投资者初步了解可转债。

第 8 章和第 9 章，分别介绍了期权和期货。期权和期货作为对冲工具，已经被越来越多的人所熟知，但是人们大都是听取江湖传闻，真正了解的人并不多。而本书将带领投资者初步走近期权和期货的世界，揭开它们神秘的面纱，由于期权和期货是杠杆工具，所以风险较大，投资者需要慎重参与。

第 10 章，讲述了落到实操本身，我们需要做些什么，在正式进入一笔交易之前，我们又需要做哪些准备工作。

希望通过我的讲述，能够让读者知道哪些事情不要去做，哪些事情即使做得再多也没有用，因为选择大于努力。

投资这场游戏，如果想在成为赢家后离开，要么凭运气赚到一笔钱以后再也不回来，要么比别人更加了解和理解这场游戏。除此之外，没有其他可能。

希望通过本书，能让读者明白，市场在实际运行过程中有哪些推行的因素，以及该如何利用这些因素。

总的来说，投资就是盈亏同源、知行合一的过程，输得起才能赢得到钱。

在降低风险的同时，也把赚钱机会降低了，风险与收益的稳定，是交易模式的天然确定性。

当一致性确立时，主动回避风险，也相当于在回避利润，这就是盈亏同源。

所想即所做，就是知行合一。

谨以此书，敬献给支持我一路走来的读者们。

罗翔

2023 年 8 月 20 日

目　　录

第1章　逐步掌控自己的投资行为 1
1.1　为什么你总是买了就跌，卖了就涨 2
1.2　为什么隔壁大妈都比你的投资收益高 6
1.3　一定要弄清楚，你是来赚钱的还是来消费的 11
1.4　怎么想得很好，一做就废了呢 15
1.5　别让情绪主导你的投资行为 20

第2章　从群体心理透视市场百态 25
2.1　愿意出高价的人多了，价格就涨了 26
2.2　为什么网红奶茶店前总是排着"长龙" 29
2.3　了解大家在想啥，决定自己该做啥 33
2.4　何时才能改掉凑热闹的习惯 37
2.5　这些"冤枉钱"大家必须得花 41

第3章　认识周期——顺势而为 45
3.1　如何用3～5年时间抓住一波机会 46
3.2　十年不见，变化居然会这么大 50
3.3　改变很多人家族命运的一次机会 54
3.4　新周期市场面临哪些机会 58
3.5　善于借助趋势的力量 64

第 4 章　时间价值——认知迭代 68
4.1　你是如何从"新韭菜"变成"老韭菜"的 69
4.2　为什么隔壁老王比我炒股时间短,赚得却比我多 72
4.3　本金越来越少,该怎么办 77
4.4　建立投资护城河 82
4.5　如何做聪明的投资者 87

第 5 章　初步理解股票交易 92
5.1　你是否真的知道股票是什么 93
5.2　股票的技术指标和重要形态 98
5.2.1　技术指标 98
5.2.2　重要形态 103
5.3　深刻理解成交量代表什么 108
5.4　选择波段交易还是趋势持股 119
5.5　为什么有些股票整天"在织布" 122
5.6　股价创新高,成交量却越来越低 127
5.7　筹码峰里面居然藏着财富密码 133
5.8　主力和散户的动向在这里 137

第 6 章　深刻理解股票投资 141
6.1　高手必看的资产负债表 142
6.1.1　资产 145
6.1.2　负债 156
6.2　可以被调整的利润表 157
6.3　公司的生命线——现金流量表 165
6.4　活学活用,三张表一起看 170
6.4.1　三张表之间的联系与区别 170

6.4.2　分析茅台的现金流量表..............174
6.5　如何看一家公司的财报..............179
　　6.5.1　年报的主要框架..............179
　　6.5.2　分析"重要提示"..............181
　　6.5.3　分析"致股东信"..............182
　　6.5.4　分析财务指标数据..............184
　　6.5.5　分析"公司基本简介"..............185
　　6.5.6　分析董事会报告..............186
　　6.5.7　分析公司的治理报告..............194
　　6.5.8　分析公司的财务情况..............197

第 7 章　如何利用可转债套利..............203
7.1　可转债是什么..............204
7.2　可转债的套利空间在哪儿..............210

第 8 章　期权交易需要注意些什么..............215
8.1　考试不通过不准做期权..............216
8.2　什么情况下该沽空..............223

第 9 章　期货交易需要注意些什么..............226
9.1　期货和现货有什么关系..............227
9.2　隔壁老王做期货，一夜之间倾家荡产..............233

第 10 章　如何升级投资体系..............237
10.1　盘后需要高度自律..............238
10.2　盘前必做这件事..............244

写给读者朋友的一封信..............250

第1章
逐步掌控自己的投资行为

➢ 1.1 为什么你总是买了就跌,卖了就涨

➢ 1.2 为什么隔壁大妈都比你的投资收益高

➢ 1.3 一定要弄清楚,你是来赚钱的还是来消费的

➢ 1.4 怎么想得很好,一做就废了呢

➢ 1.5 别让情绪主导你的投资行为

1.1 为什么你总是买了就跌，卖了就涨

你是不是总担心买晚了卖早了？

你是不是总在下跌时，不忍割肉而越套越深？

你是不是总在交易达成后惴惴不安？

当情绪决堤时，交易的结果是不可预料的，而且代价往往是惨痛的。

我们大多数投资者在大多数时间里，都在寻找最佳交易机会，但是事实往往不尽然，我们不仅没找到最佳交易机会，还深陷其中。

市场（本书中指交易市场）的跳跃牵引着情绪的跳跃，我们逐渐沦为情绪的奴隶，交易也就失去了理性的根据。

如果我们不能够认识自己，不能够通过自己认识市场情绪，那么交易对我们来说就只是一次消费而已，我们要为自己的认知不足来买单。

可能大部分人都知道情绪管理的重要性，但是就是做不到。因此我们需要先充分了解，我们的性格是怎样的，适合什么样的投资风格。市场将投资者按照风险偏好分为四类：激进型投资者、平衡型投资者、稳健型投资者、保守型投资者。

激进型投资者，往往更倾向于高收益、高风险的投资产品，对于市场的波动，尽管情绪会随之产生巨大的波动，但是其实这类投资者很享受这种大起大落所带来的刺激感。

他们天生具备冒险精神，能够面对账面较大幅度的亏损，当然这里面也有一部分人心态很好，面对市场的波动可以做到波澜不惊。

平衡型投资者，往往不满足于低收益产品带来的利润，但是同时对于高风险产品又心存芥蒂，会担心账面本金出现较大的回撤，他们希望能够在维持较高收益的同时，又能够减少本金亏损。

这类人通常会配置较大比例的高风险产品，同时兼顾配置一些低风险产品来平滑风险。

稳健型投资者，则希望能够实现长期稳定的增长，既要不亏损本金，又要有高于市面利率的涨幅，通常来说一些固收＋的投资产品比较符合他们的预期。

保守型投资者，则属于厌恶风险的，完全不能接受本金出现亏损，基本上属于储蓄型投资者而非投资型投资者，他们的关注点往往不在于收益，而在于是否安全。所以对于账户的亏损，往往难以接受，会表现出坐立难安的焦虑。

但是，单纯地依靠风险偏好，还不足以判断投资者的状态，还需要根据投资者的实际财力情况来剖析。在《富爸爸财务自由之路》一书中，作者将投资者分为七个类别。

一无所有的投资者，往往生活很难维持，可能要靠借贷生存。

月光族，花自己挣来的钱，但是不会存钱，基本上在下一次发工资前会把账上的钱花完。

储蓄者，有少量存款，但是厌恶风险，储蓄只是为了消费，而不是投资。

聪明的投资者，通常受过高等教育，对一些基本的投资和理财知识比较了解。

长期投资者，有着较丰富的投资经验，而且投资心态比较平稳。

老练的投资者，投资经验丰富，市场敏感度高，能够紧跟时代发展，而且懂得根据自己的实际情况进行合理、适当的资产配置。

资本家，这类投资人基本上不属于我们散户范畴，他们是专业做投资的群体，更多地聚焦在一级市场，对于投资和风险管理都很精通。

根据以上情况，你可以自我对照一下，自己属于哪个风险承受级别的哪类投资人。

这些都会影响我们在投资中的行为，因为具有不同风险偏好和不同财务状况的投资人，做交易时的心态是完全不一样的。一个月光族和一个长期投资者，在面对同样的风险时做出的决定肯定是不一样的。

月光族的心态更希望快速致富，所以对于风险的担心程度会更高，在面对风险时会更加快速地逃离。而长期投资者因为资金不急用，追求的是长期收益，所以在面对风险时更多的是考量会不会影响长期的发展，自然不会急于做出决策。

现在回过头来，咱们再来探讨你为什么总是买了就跌，卖了就涨。

因为我们交易市场的散户，大多属于不喜欢风险的人，但都误以为自己是风险偏好者，其实不然。一群被暴富诱惑的逐利者，其本质仍然是厌恶和害怕风险的。因此大部分人常会摇摆不定，通常会很默契地产生情绪共振，市场也因此产生了情绪周期。

主力和游资正好抓住了散户的这一心理，他们善于抓住情绪周期，引领市场情绪向他们希望的方向走。一旦情绪被引燃，散户朋友便闻讯而至，集体市价挂单，急切买入，生怕因错过机会而上不了车。

但是哪知道这不是上了车，而是做了"轿夫"（市场通常将跟风者进场拉升股价的行为称为"抬轿"），要知道市场定价是由买卖来撮合的，主力资金想要以高价卖出，正好遇上你愿意以高价买入，因此买卖就成交了。

货到了你的手里，这时候出价就由不得你了，你想高价出，但是没人愿意出价，最后只能折价卖出。一旦折价卖出，之前走的资金又开心了，他们愿意以更低的价格接过来，通常当他们拿到筹码后，新一轮情绪周期的游戏又开始了。于是你又开始摇摆，是不是卖错了，要不要以更高的价格买回来。

这样就陷入了一个死循环，你始终愿意出更高的价格接手别人的筹码，最后又以更低的价格将筹码交出去，循环往复，生生不息，直到自己的本金被蚕食殆尽，进而被动离开市场。

所以，情绪很贵，请一定管理好你的情绪，切勿让你的情绪成为别人获利的武器。

1.2 为什么隔壁大妈都比你的投资收益高

投资是许多人实现财务自由和增加财富的重要手段之一。然而，我们常常发现自己的投资收益远不如隔壁的大妈们。她们似乎总能够在投资中获得较高的回报，比较典型的投资是在黄金市场上。

这引发了一个重要的问题：为什么隔壁大妈的投资收益高于我们的收益呢？

答案是，她们更加懂得价值投资，不频繁操作，从而能够享受到周期发展带来的红利。相比之下，我们大部分人则更倾向于短线交易和投机，不仅无法与企业共同发展，享受到发展的红利，而且在频繁的交易过程中还会增加摩擦成本，这样综合下来收益就更少了。

第 1 章 逐步掌控自己的投资行为

价值投资是一种长期的投资策略,其核心理念是购买被低估的优质资产。咱们以黄金为例,大妈们不一定能够深入研究黄金市场的基本面和宏观经济因素,但是她们知道,不能盲目地追逐短期的涨幅,而是关注黄金的内在价值和长期的增值潜力。

这使得她们能够在买入黄金资产之后长期持有。

当然,不只是黄金投资,在二级市场的股票基金投资上也一样,大妈群体往往更关注安全性和长期性。大妈们不频繁操作,而是采取长期持有的策略。她们知道,频繁操作和过度交易可能会导致高额的交易成本和纳税负担,同时也会增加错误决策的风险。

相反,大妈们选择耐心地持有,并享受长期持有所带来的复利效应。这种长期持有的策略有助于她们应对市场的波动和风险,从而实现更高的投资回报。

经济的发展都具有周期性,同样企业的发展也具有周期性。在企业价值被低估的时候买入,或者说在经济持续低迷的阶段大胆地买入一些核心资产,之后等待周期的循环,陪同企业一起发展。

在这个过程中,根据市场的发展适度地做一些调整。比如,在经济发展已经出现明显的逆转,甚至是有些过热的时候,将账户进行部分止盈操作、减仓,然后在经济出现衰退、低迷时,企业的价值会被重估,这时可以增加一些仓位。

价格是围绕价值上下波动的,当经济过热时,就可能滋生泡沫,价格会高于价值；经济降温之后，价格又会重回价值；当经济出现衰退时，价格会低于价值。

相比之下，我们大部分人在投资中更倾向于短线交易和投机。我们可能追逐短期的涨幅，频繁进行买卖操作，试图在市场的短期波动中获取利润。然而，这种投机心态往往会导致冲动的决策和高风险的交易。我们很难真正抓住市场的长期趋势，同时也会面临更高的交易成本和纳税负担。

这样的短期交易策略往往无法享受到周期带来的红利，投资收益自然也相对较低。投资者一直在市场中忙碌，却没有抓住真正的趋势性盈利机会。

要提高自己的投资收益，我们可以借鉴大妈们的经验。

首先，我们应该更加注重价值投资，寻找被市场低估的优质资产。深入研究和分析投资标的，关注其内在价值和长期的增值潜力。

其次，尝试放弃频繁操作和投机心态，转向长期持有的策略，耐心地持有投资，并在必要时进行适度的调整。

最后，我们应该注重观察市场的周期性波动，并根据市场趋势进行相应的调整。这样可以更好地把握投资机会，提高投资收益。

做交易并不是每天时时刻刻盯着交易软件，盯着 K 线图，表现出超乎平常的勤奋就可以的。勤奋只是其中的一个因素，对于基础知识的摄取、专业能力的提升，需要我们有勤奋好学的精神。但是交易的内核并不是勤奋，而是成长。

什么是成长呢？其实就是价值的增长曲线和周期性的回归运动。

价值的增长曲线。对于一个稳定发展的企业，其内在价值可以看作一条45°斜角的生长线，而价格就围绕这条生长线不停地做回归运动。由于其本质是增长的，所以我们做价值投资的对象就是企业的增长，买入之后耐心持有，伴随着企业的发展享受企业发展所带来的效益。

这里价值的增长来自两个方面，一方面是股价本身的增长，另一方面是企业每年的分红。

周期性的回归运动。周期性的回归运动使得价值投资被蒙上一层神秘的色彩。因为经济的发展具有周期性，这个周期分为四个阶段：复苏期、发展期、衰退期、萧条期。之所以价格围绕着价值波动，也正是因为有了经济周期。

当经济环境比较好的时候，往往交易比较活跃，参与者较多，这个时候愿意出价的人就多。简言之，市场可能出现供不应求的局面，这时候价格可能就会面临着投资者的涌入而水涨船高，甚至超出其本身的价值。

而当经济过热的时候，往往这种情况就会比较明显，投资者在这种时候应该进行适当的仓位调节，把利润放进口袋。

当经济出现衰退或者比较冷淡的时候，大家都比较谨慎，更加注重安全性，市场中的出价者就会减少。简言之，可能会出现供过于求的情况，因此价格就会打折扣，甚至是跌破它本身的内在价值，这种情况在市场处于萧条期的时候往往比较明显。

当价格跌破内在价值的时候，就会出现明显的低估现象。作为投资者，这时应该增加仓位，买入被低估的资产，然后等待价值的回归。

著名的价值投资人巴菲特，他名下的伯克希尔公司的股价能够一直维持增长，正是源于公司的投资理念：坚持价值投资，发现价值、投资价值，然后获取价值。

对我们普通投资者而言，价值投资符合大部分人的投资模式，投机只属于少部分人的游戏，所以没有金刚钻就别揽瓷器活，把功夫花在对的地方，让收益慢慢变大。

我们发现，时间是具备价值的，它能够盛放玫瑰。价值往往在短期内是很难显现的，它必须经过时间的沉淀，投资回报是有周期的，企业的发展也必然经历投资和回报的时间周期。

既想要价值，又不愿意付出成长的时间，这种美事基本是不存在的。

所以做投资，要细心点、耐心点，慢慢布局播种，然后慢慢等待花开。

不需要时时刻刻去关注，研究透彻了再布局，布局之后就把时间交给其他事情，只需要定期关注公司的基本面变化，基本面没有发生恶化的情况下，等待就好。

当交易频率降下来之后，当目光不再聚焦于一朝一夕的利润，而是长久的增长时，你会发现投资真正的乐趣。

1.3　一定要弄清楚，你是来赚钱的还是来消费的

这个市场很有趣，像一个巨大的磁场，吸引着来来往往的人，又像是一个大型的商场，都想来看看有没有自己需要的。

很多人进入市场之前根本不知道自己是来干什么的，也不知道自己想要什么。如果没有明确的目标就会像无头苍蝇一样乱撞，这个时候通常就会沦为情绪的跟随者，因为情绪是这个市场最受追捧的风向标，永远亢奋，永远充满希望，吸引了一批忠实的投资者。

没有明确的目标就没有计划，无数据不投资，无计划不交易。当我们没有计划时就好比裸奔，把自己完全暴露于风险之中，一旦风险来临，毫无招架之力，只能任由自己被吞没。

所以一定要记住一句话：计划你的交易，执行你的计划。

因为不明白自己是来干什么的，以为是来赚钱的，其实不然，最终变成了一个狂热的消费者，每天为交易商创造佣金，为对手盘创造利润，用辛苦工作换来的钱买一份下单时的快感。

交易是一件门槛很低的事情，只要你是成年人就可以进来玩两把，而且也只需要敲下买卖键就可以了，好像一切都很简单，不用学就能轻松掌握。实则不然，看似简单，要做好却是十分不简单，因为涉及的因素太多，光情绪这一关很多人就过不了。

很多人进入市场靠运气赚了两笔，就开始洋洋自得，以为自己已经摸透了规律，自己就是天选之子，仿佛就是为交易而生，开始加大本金，甚至融资加杠杆，置风险敞口于不顾，最终惨败收场，落得个血本无归退出市场。

交易确实好像是一件很美好的事情，每天只用工作几个小时，不用坐班，不用看老板脸色，而且想在哪儿就在哪儿，金钱和自由都能在这里找到。早上可以睡个懒觉，起来烤片面包，热个牛奶，打开电脑交易一下，下午收盘了可以去钓鱼，约几个好友搓几圈麻将，一切都是美好的，你想要的样子这个市场都有。

但是职业交易者并不是这样的，他们并没有那么潇洒。反而因为将自己的资产暴露在风险之下，要更加小心、谨慎地管理，放弃按部就班的生活，根本不是想做什么就做什么，因为将要面对的事都是未知的，所以交易者管理自己的账户通常会小心翼翼、如履薄冰。而且也不是想见朋友就能去见朋友，因为需要做的事情实在太多，不可能将账户置于风险下不管不顾。

其实打工才是安全感最高的职业，你只需要做好手头的工作，战略和规划老板都做好了，每个月会有固定工资打到卡上，工资是否发得出来也是老板需要担心的问题。

第 1 章　逐步掌控自己的投资行为

职业交易者基本都是孤独的，因为工作的特殊性需要离群索居，通常情况下都是自己一个人，赚钱了一个人狂欢，亏损了一个人与酒为伴，喝醉了醒来继续做计划。而且要做逆人性的决定，很多时候需要压抑自己的情绪，训练自己的行为，把自己变成另外的样子，这个过程也是痛苦的。

我曾经和一个全职做交易的朋友交流，他有一个表格，从他踏入股市开始，表格里记录着每一笔交易的成本价和卖出价，以及100字左右的交易心得。

他说他需要花大量的时间进行复盘，对每一笔交易进行总结，并且用文字记录下来。同样的问题如果出现第二次，就说明自己的功课做得不够，还没有完全把逻辑吃透。因为是短线交易，盘中他几乎全程盯着盘口，心无旁骛，却极少行动，就是那么看着，一看就是一上午或者一下午，这是很难的。

真正优秀的交易者都是极其勤奋的，不管是全职还是业余爱好者，不一定是最聪明的，但是一定是勤奋者中的佼佼者。他们为了做好每一笔交易，让下一次交易更加完美，就要认真复盘每一笔交易。而且他们思想活跃，胸怀开阔，能够不断地接受新事物，不断地革新自己，将旧的自己揉碎，重新整合，重塑一个全新的自己。

优秀的交易者关注点通常不在交易的结果，而是在于交易的过程，他们通常追求极致的交易过程，要将每一笔交易做到最好，当然这个"最好"是在自己能力下的最好。如果可以以5元的价格成交，就绝不可能以5.05元的价格成交，如果可以少付5元的佣金，就一定不会付。所以,他们通常都会选择限价交易,而不是市价交易。

因为市场的机会很多,限价交易可以让你以你能接受的价格成交,而市价交易让我们不得不承担市价带来的滑点(因价格波动等因素多支付的成本)。比如你期望 5 元成交,但是由于挂了市价成交,所以很可能最终的成交价为 5.1 元,这个时候你就要多承担 0.1 元的滑点。

千万不要低估 0.1 元的滑点,这会使你直接增加 2% 的成本,当然你在实际操作中不会承受这么大的滑点,我想以此说明的是,一定要管理好成本,所有多付出的钱最终都会从本金里扣除。

交易结果是交易过程的产物,只有将交易过程尽可能地做得完美,结果才能是赚钱的,因此每一个成功的交易者都会想要把这一笔交易做到最好。但是失败也是市场的常态,所以很多交易者无法抗住失败带来的冲击,会产生自我怀疑,直至崩溃,这种情绪很容易导致情况进一步恶化,最终断送交易之路。

交易做到一定程度之后,交易者都会修心,让自己达到一种平静无我的状态,在市场的波澜中不随波逐流,在矛盾交融中坚守自己,在云雾中发现方向。这样,才能在这个市场长久地生存下去。

当你进入市场时,你要先问问自己,能为此付出多少精力。看看自己的状态,看看自己的性格,看看自己的时间,能够投入其中的时间有多少,不能真正专注于一件事情时,往往很难获得成功。

如果你是打工族，每天的工作已经使你心烦意乱，这时候你还将辛苦赚来的钱置于风险之下而又无暇顾及，那就真的太愚蠢了。每天惴惴不安，做工作时想着账户裸露的头寸，看账户时想着手头的工作，这样不仅累，而且很容易两边都做不好。

想清楚你进来（指进入交易市场）的目的，是赚钱还是消费。如果是为了赚钱而来，你要想清楚你能为此付出的时间和心力，因为没有一块钱是从天上掉下来的。

1.4　怎么想得很好，一做就废了呢

投资者往往很容易陷入一种自我幻觉，就是我很牛，认为自己天生适合做交易，所以失败者往往并不是不聪明，而是过度自信导致盲目操作，比如糟糕的账户管理和无节制的交易频率。并不是因为本金少所以不能成功，而是本身就缺乏让本金变大的投资能力和心理素质。

结合我多年的投资经验，以及身边很多朋友的经历，发现大家普遍存在一个问题，就是计划和执行计划往往是两个剥离的程序，计划着你的交易，但是交易着你的交易，而不是交易着你的计划，这就很容易出问题。

不能被执行的计划都是空谈，盘前运筹帷幄，盘中放飞自我，哪管什么计划，哪管什么风险，干就完了……你想想，你是不是这种情况？

再有一种情况就是，本来计划好了，但是行情的发展受到诸多因素影响，可能你的分析大体正确，但是时间不一定恰好和你预想的一样，我们都知道市场盘整是常态，而真正的上涨只是少数时间。

当你按照计划买入一只股票之后，市场并没有马上按你预想的方向发展，反而开始盘整，这个时候你开始怀疑自己的判断是否正确，开始动摇。并不是你的计划出了问题，因为价格还在合理的位置徘徊，但是预期不能马上兑现导致的情绪问题已经开始影响你的决策，你开始不安、焦躁，开始推翻计划，开始太空漫步。

当你推翻自己的计划之后，市场马上开始按你预期的方向发展了，你原先的计划此时看起来是多么的完美。其实主力资金可能跟你预想的一样，只是他们更能够敏锐地观察市场情绪，更有耐心捕捉情绪周期带来的机会，能够耐住情绪周期导致的市场延迟。

大家都是一样的人，只是别人付出了更多，所以我们得像猎豹一样匍匐等待，然后猛地出击。交易是盘桓，而不是俯冲，这是真正的交易大师们总结的道理。但是大多数人做反了，变成了不断地俯冲，因为盘桓是一个很痛苦的过程，多数人是不愿意的，他们更愿意用账户的亏损——这种短期痛苦，来替代盘桓时内心的长期空虚，因为俯冲太上头了，我们往往容易掉进多巴胺的陷阱。

在失败几次之后，失落感就会占据情绪的主流，因为本金不断地缩水，开始意识到上头所带来的代价，但是往往很难从自身去发现问题。亏损除了是自己的认知不够，水平不够，也可能是自己的执行能力太差，以及情绪把控能力太差。

投资永远有一条捷径，就是向高人求教。我们从读书时代就开始花钱学知识，其实就是花钱向老师求教，让自己成长得更快一点。所以很多人开始选择相信"老师"而不相信自己，市面上的"股市老师"很多，给你讲各种"神秘高深"的方法理论，各种"行之有效"的实操技巧，各种"提高收益"的投资工具。

这些"股市老师"给你洗脑，告诉你只要按照方法和工具执行，交易就会变得无比简单。他们还爱在工具背后加上大爱背书，卖你工具是为了"拯救"你，因为你太可怜了，反复被市场无情收割，他们实在看不下去，所以决定卖你这款工具。你只需要花费少部分的钱，就可以获得一套让你交易起来"无往不胜"的工具，这个费用在你拥有工具之后，盈利10%就能回来了，是"稳赚不亏"的买卖。

你可以冷静地想一下，什么时候盈利10%对你来说无比轻松了？如果无比轻松，那么卖方法和工具的老师早已经赚翻了，哪还有心思卖你工具呢？打着大爱名义拯救你于苦海的人，其实在背后剖析你的心理，研究话术，想着如何让你快速成交，一门心思收割你呢！

这个市场就是这样的，只要大家有暴富的心理需求存在，就一定会源源不断地有"股票大师"供给。就好比我们都知道吸烟有害健康，甚至烟盒上都赫然写着"吸烟有害健康"，但是依然不影响香烟的销量。当然，我要讲的只是一种人性层面的哲学，请广大读者朋友一定要有自己独立的判断能力。在任何时候，请一定要相信自己，相信自己的学习能力，因为只有自己才能带给自己财富。

你必须像研究异性一样去研究市场心理，去研究你自己的心理。什么时机牵手能显得绅士有爱，什么时候拥抱能让她感受到你的真诚而不是耍流氓，既不能太激进，也不能太拖延，把握好时机才更容易成就一段美好的情缘。

对应到投资上，你要时刻对账户保持新鲜感和敏锐度，将你的交易严格地制定在你的计划上，并设定合理的情绪溢价，你要允许由情绪带来的误差出现，并能够合理地把握它。

短期价格很大一部分都是由情绪来决定的，你必须承认，群体性的情绪波动带来了短期价格的波动。由于我们对情绪的未知和其具有的无规律性，所以我们必须要有面对失败的准备，你必须有一定的容错率。虽然我们说，要让自己的每一笔交易都尽可能完美，但是并不是说要让自己的每一笔交易都一定正确，是人就一定会犯错，我们要做的是，设定好容错区间，将错误所带来的损失降到最低。

10次交易能够做到6次、7次成功，剩下的那几次失败整体可控，就已经算是成功了。因此我们要心态平和地看待交易这件事情，将注意力聚焦在交易的过程，而非结果。

第 1 章 逐步掌控自己的投资行为

我们要充分了解交易，这样才能够感受到别人的情绪，这就好比我们要开始一个项目，首先要做的事一定是市场调研，只有了解市场，才能知道项目是否可以实行。交易是在买卖中产生的，因为有人卖，所以才有人买得到。

我们做交易往往是对着电脑，像打游戏一样，无数的交易者对着电脑，在玩着这款游戏。电脑是冰冷的，但是坐在电脑前的人是有温度的，是有血有肉、有情绪的。你的每一次出价都会被公布，然后由市场来撮合成交。

这个成交也不是简简单单的，包含了很多东西在里面，比如你想要 100 万元的货，这个时候就必须要有人愿意以你的出价卖出 100 万元的货。再比如，主力想要买入 1 亿元的货，这个时候就必须要有 1 亿元的货提供给他，但是货量比较大，很难凑集，怎么办？那就得想方设法让你卖给他。

所以，我们经常会看到急跌后又拉起来反复震荡的情况，主力在通过这种方式不断地打击散户的情绪，告诉大家：你想要的价格市场不会给你了，你看，价格还在下跌，而且跌得很猛，再不出掉很可能到时候得亏本出，这种时候很多人就会慌乱地抛出手里的货，主力就统统接过去了。还有的人不愿意抛，那就继续震荡，不断摧毁心理防线，让对方情绪崩溃，然后把货卖给自己。

我们一定要想清楚：投资为什么能赚钱？想清楚这个问题，就会明白自己为什么总是亏钱。就像农夫山泉的广告词一样"我们不生产水，我们只是大自然的搬运工"，结果人家老总"搬"成了首富。这个市场也是一样的，市场不生产钱，你为什么能够在市场赚钱呢，赚的钱从哪里来？

我们把赚钱方式分为两种：一种是赚公司发展的钱，另一种是赚别人的钱，很大一部分散户其实属于第二种。如果你是短线玩家，那么玩的就是一个财富转移的游戏，你赚的钱一定就是别人亏的钱，你亏的钱一定会成为别人赚的钱。

作为短线玩家，能否在这个市场中赚到钱，很大层面取决于你能否从别人口袋里把钱拿出来。为什么你做短线总是赚不到钱？因为你总是和大多数人保持同频，甚至和其他股民有种"酒逢知己千杯少"的感觉。

记住，你不是来交朋友的，你是来拿朋友的钱的，所以你必须学会分析你的朋友，然后做出和他们不太一样的决定。

1.5　别让情绪主导你的投资行为

前面我们提到过，性格是天生的，但是行为是可以后天训练的，情绪影响行为，我们交易成功与否很大程度上取决于我们的情绪控制能力。

每天会有大量的信息进入我们的头脑，我们会逛各种群，在各种 App 上获取资讯，并在这种大量的信息摄取中动摇甚至改变自己。

你一定要清楚，这种改变其实并不是基于你的分析所做出的改变，而是你的情绪的改变，以及你的心态的改变。当你的情绪被市场中的这些信息带入的时候，你的行为就已经不由自己控制，开始脱离计划进行"太空漫步"，这是极其危险的。

大家思考一下，为什么会有"洗盘"这种行为呢？它"洗"的其实是脑子，也就是将你的计划"洗"掉，让情绪占据你的头脑。因为情绪是最好统治的，就像听着摇滚乐你就会不由自主地摇滚起来——情绪会控制你的行为。

大家再思考一下，为什么会有横盘这种情况出现呢？一只股票一横好几天，甚至好几个月，因为主力要摧毁你的交易计划，重塑你的情绪，只有当你重新是你了，你的行为才能顺着主力期待的方式去执行。

当然，也有的横盘是因为没人关注了，没人愿意在这里浪费时间，交易极度不活跃了。如果你待在这样一个环境中，看着每天K线的走势像织布机一样，你还觉得在"洗"你，那就没必要了。你要搞清楚你是否处在一个活跃的环境中，优秀的交易者是灵活且聪明的，而不是执拗且笨拙的，我们一定不要钻牛角尖。

对手在盯着你，扰乱你的情绪，但通常真正影响自己的，可能是自己。如果你侥幸在市场赚了点钱，就觉得自己已经悟道了，认为看透了这市场，自己的知识储备已经足够，可以大赚特赚，那么，这时候往往你已经开始偏离交易规则，走向通往自我毁灭的道路。

无数的交易者都是在斗志昂扬之后情绪失控，然后又将利润全部还给市场的，所以我们要学着改变自己的偏执，真正地将主观意识抛开，尊重市场，从市场中借势。

坏的习惯要彻底改变，千万不要想用替代法来挽救自己濒危的账户。比如，有的人一次失败就怀疑自己的交易方法是错误的，然后不断地变换新的交易方法，不断地尝试新的交易策略。这就好比抽烟的人想要戒掉抽烟的习惯，于是改抽电子烟一样，这是荒诞的。

当你的注意力在结果时，你就会不断地变换路线想要达到那个目的地，而忽视了过程。殊不知根源问题不解决，你还是一个沉迷于方法论的赌徒，不断地享受交易过程带来的快感，又不断地承受交易结果所带来的打击。

成功的交易者会不断地思考过程中存在的问题，不断地检验并找出失败的原因，然后去完善。对于失败，通常是浅尝辄止，不会想要变换方法去试错，他们往往更加关注自身状态，对待结果更加的平和。

成功的交易者都会建立完整的交易系统，交易系统可以很好地规避一大部分情绪所带来的失控。这套交易系统会包含买入标准，即明确什么价位符合自己的买入价，通常会采用限价交易，限价交易不一定能成交，但是会避免滑点侵蚀你的利润。

这套交易系统会包含卖出标准：预期盈利多少？什么价位可以卖出？卖出通常可以采用市价交易，谨慎地买入，果断地卖出。还会包含止损标准：什么样的回撤是自己所不能承受的，触发止损就该离场，不会眷恋。

不止损往往是失败者被深套的原因，他们不愿意承认自己错了，更不愿意相信自己的错误，他们会任由损失放大，放任不管，由于系统的缺失，就导致了情绪失控。

我认识一位很优秀的全职交易者，他一个月总会有那么几个交易日选择空仓，因为每当他在犯错后都会及时离场，并不急着开始下一次的交易。这种时候，往往情绪的主导性很强，他会把资金放在逆回购里，让账户休息一下。

学会停止交易也是一种修为，多数交易者会在失败后慌忙进入下一次交易，因为想要从下一次交易中把这次失败的损失拿回来，但是往往事与愿违。因为当你慌忙进场时，就意味着你又将成为别人的猎物，优秀的猎人一定是善于潜伏的。在失败后停下来，让自己的情绪稳定下来，然后重新出发，寻找机会。

要知道，这个市场不会因为你的离开或加入而改变节奏。市场一直存在，机会一直存在，所以别把自己看得太重，需要做的是学会控制自己的行为，思考别人的行为，利用情绪周期带来的波动赚取属于自己的那一份蛋糕。

一个优秀的舵手从来不会想要征服大海，而是在出海前认真了解风流的变化，风向的走势。然后，在顺风时扬帆起航，让波浪成为船的助力。在逆风时收起风帆，可能船会走得慢一点，但是如果逆风扬帆，反而可能会让船毁灭，得不偿失。

一个优秀的交易者往往也是这样的，能够利用市场的风向来帮助自己快速前行。他们会敏锐地洞察市场群体的情绪，并让这种情绪为己所用，用智慧参与这场博弈，而不是任由情绪主导着去拼杀。

这个市场充满了诱惑和迷惑，如果你看不清大家在做什么，看不明白市场在发生什么，那么你一定要停下来，一个优秀的交易者一定要学会放慢脚步，时刻保护好自己。迷恋交易，甚至沉溺于做交易是不可取的。我们需要克服的困难很多，需要排除的假象也很多，如果一味赶路，不停下思考，是很难长期存活下来的。

让自己冷静下来，成为一个成熟的交易者，先从管住手开始，情绪只能为你所用，而不应该操纵你，时刻保持敏锐的头脑和不断学习的心态。训练自己的行为，记录自己的行为，反思自己的行为，改进自己的行为，你会成为一个优秀的交易者。

当然，这里所有的情绪通常都表现在短线交易市场中，我从来不建议大家参与到短线市场中来博弈。但如果你想要在这个短线市场中获得一些什么，可以按照我说的方式去修炼自己，如果你并没有进入短线市场，我还是希望你别来，不参与是对自己最好的保护。

价值投资一定是大方向正确的，而短线投机并不是普适的，要学会保护自己，在适合自己的赛道里去投资，就是对自己账户最大的负责。

第 2 章
从群体心理透视市场百态

- 2.1 愿意出高价的人多了,价格就涨了
- 2.2 为什么网红奶茶店前总是排着"长龙"
- 2.3 了解大家在想啥,决定自己该做啥
- 2.4 何时才能改掉凑热闹的习惯
- 2.5 这些"冤枉钱"大家必须得花

2.1 愿意出高价的人多了，价格就涨了

为什么会有价格的涨跌？在参与这场买卖之前，我们首先要想清楚市场价格机制是怎样的。

市场中存在这样几种角色：产品、买方、卖方、交易商和观望者。

产品会有一个初始定价，在投入市场之后，产品的具体价格会按照买卖双方的出价实时调整，因为参与出价的人很多，市场价格分分秒秒都在变动。长期来看，价格是围绕价值上下波动的，但是短期因为情绪的影响，会存在价格脱离价值的情况。

买方总是愿意出更少的钱买到自己心仪的产品，至少多数情况下是这样的，希望以更低的价格成交。但是买方常常会做出不理性的决定，因为各种哄抬物价的假象让买方误以为价格会一路上涨，所以愿意以高于自己心理预期的价格买入。有时也会因为价格的不断下跌，使本来打算买入的买家开始犹豫观望，达到心理预期的价位时也不买入。

卖方则总是愿意以更高的价位卖出，这样他们可以赚得更多。但是由于市场具有议价机制，所以很多时候卖方出的价位买方并不能接受，为了尽快促成交易，卖方只能选择让利，以更低的价格出售。

第 2 章 从群体心理透视市场百态

有人说市场是零和博弈,即你赚的钱等于别人亏的钱,其实这是不准确的。因为有交易商的存在,所以实质上变成了负和博弈。不管大家赚不赚钱,交易商都会从中抽取佣金,如果你以 5 元的价格买入,然后又以 5 元的价格卖出,看似不亏也不赚,其实要损失 0.1% 的本金(假设交易佣金的费率为 0.05%)。

观望者属于比较特殊的群体,因为这一部分人的存在,市场的效率被大大提高。观望者是市场潜在的竞争对象,买方会担心如果自己再不买入就会被别人买入,这样价格就会被继续抬升,所以急着买入。同样,卖方会担心自己再不卖出别人就卖出了,这样价格会被进一步压低,所以急着卖出。观望者加速促成了交易,观望者也随时会进场转变为买方和卖方。

我们通常从成交量去判断交易市场是否活跃,每一次买入和卖出都会反应在成交量柱上。一个不活跃的市场愿意出价的人会很少,成交量也将萎缩。通常,在股价出现上涨时伴随的是成交量的扩大,只有愿意出价的人多了才会有人愿意出高价。在股价横盘阶段,通常成交量也会比较平,因为这种时候观望者居多,大家都不急于出手,都在等待出现转折的信号。

当连续涨停拉升或跌停时,交易量往往也很低。在连续涨停拉升时,很多买方愿意出高价买入,但是这个时候卖方往往不愿意卖,他们希望能够等到更高价格时再卖出,惜售会造成价格不断上涨。连续跌停时,买方不愿意买入,希望能够以更低的价格买入,同时卖方迫切希望能够快速地摆脱,所以不断降低价格出售,恐慌会造成股价进一步下跌。

成交量指标相对来说比较客观，能够真实地反应市场的热度，是很多交易者密切关注的。市场中存在一种交易流派叫技术派，他们会钻研各种技术指标，包括市面上也有各种各样的技术指标类的书。需要注意的是，大部分技术指标是非客观的，技术指标本没有用，只是研究的人多了，便有了市场。这就好比一个散户不能改变股价的走势，但是千千万万个散户聚集到一起，就可以拥有相对而言的话语权。

所以任何时候千万不要和趋势作对，因为群体行为可以改变市场趋势，可以选择观望，但是千万不要逆趋势而为。

在交易市场中，资金实力决定了定价权的所属，主力因为占着资金的优势，所以常常能够改变技术指标的图形。你可以想象一下，你每天研究的这些图形可能就是高级玩家给你画的，让你迷信的，所以当你迷恋于某一种方法而不再革新自己时是很可怕的。

市场中大部分投资者都选择在市场变得火热时进场，因为人群聚集的地方往往具备天然的吸引力，这是刻在我们大部分人骨子里的偏好。但是往往聪明的交易者会选择在这个时候离场，群体行为既聚集了机会，也聚集了风险。想在这个市场中获利，既需要会利用群体行为，又需要保持冷静的独立思考能力，因为你要做的事是将多数人口袋里的钱转移到自己的口袋里。

顺应趋势，但是同时要逆人性，聪明的交易者往往在大家普遍兴奋时离场，将热闹留给别人，往往又在大家都很低迷时进场，这种时候价值往往会浮出水面。

当我们弄清楚了市场定价机制之后，就该好好想想如何从复杂的市场获得自己想要的利润了。这本不是一场属于博弈者的游戏，但是因为想要从中快速攫取财富的人多了，所以便成了这样。

对于普通散户投资者而言，这场博弈是不对称的。虽然信息化时代的信息差少了，但是内幕交易很难根除，只要市场存在，信息不对称的现象就会存在。现在，在严监管之下，很多内幕交易者被剥夺了交易权利，但是由于市场太庞大，彻底消除内幕交易还需要一个漫长的过程。当然，这并不是影响我们交易的关键因素，我们要相信，市场总是在往好的方向发展的。

内幕交易者会通过信息优势获得筹码，然后通过情绪引导派现。这加剧了普通投资者市场生存的难度，如果只是一味地"无脑"交易，就会陷入这场陷阱，优秀的交易者要先学会降低交易频率。

这些交易痕迹会在成交量和盘口等地方留下蛛丝马迹，所以需要我们认真地观察和留意他们的动向，独立思考和冷静分析，然后制定交易策略。

总之，学会做一个独立思考的交易者。

2.2　为什么网红奶茶店前总是排着"长龙"

我之前一直很疑惑，为什么有些网红奶茶店的门口总是排满了人,真的是一杯难求吗?到一些商业街逛街也会看到这种情形,一些店门口排着"长龙",真的这么好吃吗?怀着这种好奇,我有时也会排队买一杯尝一尝。

直到后来我知道了一个职业,叫作"排队托",就是很多店为了增加自己的人气,会花钱雇一些人来充当顾客,造成一种店里面人气爆棚的假象。不得不感叹,这些店都是懂消费者心理的。

心理学很有意思,大家都懂"羊群效应",但还是愿意做那一只追随的"羊"。大家都排队买,那一定很好吃,总不能都不识货吧。当然,这不能怪我们任何一个人,当自己没有标尺的时候,总是需要一个衡量标准,当自己没有标准的时候,别人的标准就会成为我们的标准。

这种群体心理会成为利用者的武器,会成为被利用者的航标。

钻石作为一种矿石,本身其实是没有价值的,钻石商赋予了钻石价值,再给消费者植入价值观念,然后口口相传,钻石便成为爱情的信物。你也知道钻石本身没有价值,就只是一块石头而已,但是当大家都说它代表着永恒爱情的时候,你便也默认了它的这一属性。

17世纪荷兰的郁金香泡沫,就很好地佐证了群体行为带来的机遇和风险。当时的市场上郁金香卖出了不同寻常的高价,敏锐的资本嗅到了金钱的味道,便开始囤积居奇,一场郁金香投机热爆发,郁金香开始以供不应求的状态在市场流通,"没有最高价,只有更高价"。在这场狂热的投机风潮中,不少人赚到了钱,但是到了后面，进入"博傻"阶段，就看谁愿意接最后一棒了。因为郁金香本身的价值有限，当不再有人愿意以更高价格接手的时候，这场泡沫就破灭了，最后一棒注定随着泡沫的破灭而一起毁灭。

就像 2023 年 3 月美国硅谷银行引发的欧美银行业危机，在硅谷银行意识到由美联储加息引起的流动性紧缩已经开始让自己陷入困境时，一场自救开始了。但是市场是敏感的，这种行为传导到市场就意味着硅谷银行没钱了。尽管银行各方及时站出来说，并不是这样的，大家不用紧张，但是情绪的多米诺骨牌一旦打翻，所引发的蝴蝶效应就是毁灭性的。

所以千万不要小瞧情绪的力量，更不要试图与群体情绪对抗，在投资市场中，我们要尽量保持情绪的中立，避免自己陷入情绪的陷阱之中。

我们作为个体在这个市场中是极其渺小的，所以不得不关注群体情绪。如果说你为了避免群体情绪对自己的伤害，就特立独行，将自己封闭起来交易，不与世俗同流，那你一定要谨慎了。因为这个市场还真的很难容得下个性，当你的个性过于强烈时，市场会磨平你的棱角，也就是说，会吞没你的本金，让你重新定位自己。

这让我想起小学时的一个经历。小学六年级的冬天，操场上结了很厚的冰，大家都跑去滑，玩得不亦乐乎，我和另外两个小伙伴当时因为没有位置了，就在教室待着。但是过了一会儿，我们再出去看时，发现操场上没人滑冰了，想都没想立刻就跑去滑。结果，很快我们被作为典型放在了办公室的门口，班主任气急败坏地说："刚通知不让滑冰，你们就去滑，给我好好站着！"

这就很意外,对于我们来说,结冰的操场是我们的游乐场,谁知有这只黑天鹅出现。这也说明了群体行为的参考价值,不要特立独行,群体行为不一定正确,但是逆群体行为往往是错误的。

建立自己的标准,做独立思考的交易者。

为了避免跟风,我们需要建立自己的交易体系,在市场中很多时候情绪会影响我们的判断,但是交易体系会告诉我们什么该做,什么不该做,我们只需要克服情绪的影响,执行交易计划即可。

在交易过程中,我们除了需要关注市场的变化,更需要关注自己的变化,因为在交易中情绪很容易占据大脑进而做出决策。所以大家总在后悔不应该卖出,不应该买入,如果怎么做就好了。这些我们完全可以通过关注自己的情绪来避免发生,当意识到自己的情绪开始出现问题时,及时地关闭账户、退出软件会是不错的选择。不要与情绪正面对抗,通过转移注意力管住自己的手,严守交易计划,可以帮助我们在市场中"活"得更久。

找到属于自己的群体,互联网巨头间偶尔也会聚在一起,聊聊行业的发展和未来。正因为个体太渺小,而大众群体又过于混杂,不能对我们产生多少价值,所以我们需要寻找属于自己的那一部分正向群体。在这个群体中,大家可以互相促进,互相学习,将力量放大。这个市场有一个群体叫作游资,各游资大佬也会经常聚在一起交流,交换自己的认知,并且通过群体交流弥补自己认知的不足。

我也经常参加一些报告会，报告会也是一种群体，在这个群体中大家互相交换意见，互相学习，分享自己的认知，这是维持群体的一种方式。但是大家不会直接在群体中谈自己账户的实际情况，因为大家交换的是认知，但是思想依然是独立的，参与者会根据交换的内容重新调整自己的策略和计划。

通过这样的一些方式，我们可以抵制群体行为的诱惑，减少情绪化的错误发生。我们自己通常可能并不知道我们有多么关注群体行为，或者说有多么迷恋群体行为，当看到有很多人聚在一起时，会忍不住去看看究竟发生了什么，而当我们凑过去时，往往会很难抽身，情绪会让我们不由自主地陷入正在发生的事情之中，甚至会产生一种自己就是其中一员的代入感。所以我们要尽可能地让自己客观，保持思想的自主和独立，让自己长期处于理性的状态。

2.3　了解大家在想啥，决定自己该做啥

大家有没有思考过一个问题：我们分析那些技术指标，分析那些精美的图形，究竟是在分析什么？

群体行为可以影响市场的走向，空方和多方共同促成了这个市场，其实价格就是多空双方情绪的量化，我们分析这些技术指标，其实就是在分析市场参与者的情绪。

情绪的力量是很强大的，甚至要强于空方或者多方本身。市场不存在永恒的多头和永恒的空头，都是互相转化的，今天的多头可能明天就反水变成空头，今天的空头可能明天就反水变成多头。

你怀着美好的愿景进入市场，打算大赚一笔，结果进去之后趋势并没有向你预期的方向发展，反而开始下跌，大赚的美好愿景破灭。你开始怀疑自己是不是错了，价格在怀疑中进一步走低，击穿了你的心理防线，跟你一样的多头开始害怕，开始抛售。这时候的下跌往往很快，甚至超过了空头的预期，多头的恐慌心理加上空头的贪婪将共同推动价格跌入深渊。

当市场开始按照符合预期的方向发展的时候，投资者往往逐渐迷失在胜利的喜悦中，风险意识变得淡薄，并且加大投入本金，多头的力量变得越发强大。场外的很多观望者开始按捺不住，也慢慢加入这场狂欢之中，场内的空头逐渐撑不下去，离开或者转变为多头，向上的趋势不断加速，情绪越来越高昂，大家都沉浸在这一场属于胜利者的宴会上。

但是极少人会注意到，随着趋势的加速，市场已经显现疲软，承接力出现衰退。情绪的惯性会让当局者误以为行情依然火爆，但事实是，已经没有前赴后继的涌入者，一段趋势也便进入尾声。

滞涨的信号会让空头兴奋起来，他们会嗅到机会来临，摩拳擦掌准备夺回战场。他们逐渐地加入进来，向上的趋势开始扭转，逐步转向，这个时候更多的空头会觉得机会来临，开始进入，于是空头的队伍越来越强大，向下的趋势开始形成。随着越来越多的空头进入，场内的多头感觉到危机故而开始抛售，多头的恐慌会转换为空头的贪婪，趋势加速，一场猎杀多头、补偿空头的大戏上演了。

当然这里需要说明的是，我们大 A 做空是比较受限的，只能通过融券卖出，然而市场里的券是有限的，所以市场中的空方主要来源于多头的"叛变"。因为没有更多的多头进入市场推动趋势的发展，所以原本的多头开始止盈，抛售手中的筹码，变成了市场的空头力量。

海外市场都采用双向交易机制，既可以做空也可以做多，比如期货，可以买多也可以卖空，期权也一样，可以认购也可以认沽。单向做多是 A 股独有的特色，所以很多人会觉得自己赚不到钱是因为我们交易机制的问题，交易机制决定了我们不能做空，如果可以做空肯定就可以赚钱。对于此类观点我只能说，真的是滑天下之大稽，将问题抛给外在环境而不从内反思的人，怎么可能做得好事情，更别谈交易了。

朋友们，真心希望你们在看到我的这本书之后，从观念上做出改变，做一个独立思考者，多从自己找问题。只有解决根源问题才能真正地走出交易亏损的怪圈，而问题永远都在自身，环境是死的，人是活的，不管环境好坏与否，你我个体无从改变，我们能够做的，是不断地训练自己，修炼自己，适应环境，融入环境。

有心者可以通过一些指标来观测市场的变化，而不是沉醉在胜利者的欢歌中。我们说过，技术指标其实就是情绪的量化标准，技术分析其实就是对市场行为的分析，对市场情绪的分析。

大家都知道，很多时候在价格出现高点之后的一段时间，会再次出现高点，这个高点多数时候会超过前一个高点，表现得好像很强势，这会让一些贪婪者误以为市场会继续疯狂。其实不然，细心者可以发现，技术指标已经严重落后，一个良性的趋势是价格和指标互相协调，就比如我们所说的量价齐升。但是通常这种时候的价格和指标之间是不协调的，价格创出新高，但是指标没有跟着创新高，而是出现了"顶背离"。

"顶背离"的出现代表市场做多力量已经衰减，这个时候的高点是为了吸引接盘资金，获利盘需要创造这样的虚假繁荣来为自己寻找买家。背离是一个过程，而不是一个点，这说明这种情绪的衰弱也是一个过程，而不是突然发生的。所以，理性的交易者会在这种时候撤离，而不是贪婪地想要"吃"完最后一点利润。

我们每个人在进场前可能都会觉得自己是一个"理性的投资人"，能够在市场发生异常时及时察觉和离场。但是事实却恰恰相反，大部分投资者都是非理性的，情绪化让他们成为极少数理性者赚钱的工具，这些极少数的理性者可以利用这种群体性的情绪化行为来帮助自己做出判断。因为个体的行为在市场中是很难被察觉的，但是群体行为却会在诸多地方留下痕迹，只要我们能够洞察这些群体行为，就可以为下一步操作找到依据。

想要摆脱情绪的控制，就要分析情绪所在的位置，只有知道了情绪的导向，我们才能知道自己是不是在被情绪所左右。你的行为是不是在被情绪支配源于你对情绪的认知，优秀的交易者一定会记录下这一切。市场中的人都是健忘的，这是我这么多年发现的规律，不必反驳，只有记录下来的事才能被记住。而且我们要时时提醒自己，告诉自己什么是对的，只有这些被记录下来的文字才是公正的，只有写在备忘录的计划才是真正可执行的。

从现在开始，养成复盘和记录的习惯，你会看到自己行为的轨迹和成长的路径，因为有迹可循，才能知道自己的改变，才能更加清晰地看到自己的不足。希望你会成为一个优秀的交易者，当然不局限于此，希望你因此而成为一个更优秀的人。

2.4　何时才能改掉凑热闹的习惯

好像是生物的本能，大家都喜欢"吃瓜"，看到哪里围了一群人，就迫切地想要凑过去看一看究竟发生了什么，弄个明白。

有一次交流会，一个朋友跟我说："普通投资者缺乏资源、缺乏精力、缺乏知识去研究透彻那么多赛道，大部分人只能跟着市场情绪走，往往又不敢追，敢追了又被套，散户其实耗不起那么多时间在长期标的上，都想短期内把本金做大。"朋友的这段话，相信也代表了绝大多数散户的心态和状态。

但是我想说的是，跟随市场情绪没错，我从来没有说跟随是错误的，错误的做法是"无脑"跟随。市场情绪是我们参考的指标，我们需要具备独立的思想，这样才能在市场情绪引发的危机出现时及时地发现，并在大家处于极度贪婪的时候变得谨慎，在大家极度谨慎的时候学会贪婪。这不是表示，我们不需要跟随市场情绪，而是我们要了解市场情绪，并结合市场情绪做出自己的判断。

对于所谓的耗不起时间、缺乏精力这些借口，我只能说，天上不会掉馅饼，随意丢下的一颗种子成不了整个春天，要想收获，必须先耕种。当你明确自己进入市场的目的之后，动力和精力都会有，所以对于此类朋友，我有三个小建议：第一，重新梳理心态，沉下心来学习一些真正实用的东西武装自己；第二，专业的事交给专业的人去做，把这些事情交给基金经理和职业投资人去做；第三，离开这个市场，不要拿血汗钱来这里挥霍。

市场中的投资者大致可以分为三类：基本面投资者、技术面投资者、情绪投机者。

情绪投机者属于纯意识流交易，基本不会做分析，这也是很多散户的状态，交易很简单，只有买入和卖出。当然，亏损也很简单，投资的目的是解套。

纯技术面投资者基本属于短线交易者，短线交易者不需要分析公司的基本面数据，因为情绪已经足以在短周期里帮助他们做出判断，短期价格的波动来源于市场参与者的共识。

市场里其实很少有真正纯基本面投资者，基本面投资者属于长线投资者，他们会分析一家公司的发展前景和财务数据情况，以及市场供需和周期情况，但是在真正操作时也会从技术面入手去寻求合适的买点。就像巴菲特一样，坚定的价值投资者，他也会在一只股票被低估时买入，而不是说他觉得一家公司很好就无脑买入其股票，因为情绪周期可能会在短期内使它处于被高估的情况，所以基本面投资者基本上都是基本面和技术面结合的投资者。

基本面的变化更多地反映了市场环境和周期的变化，它给了我们方向，通过基本面分析发现正确的方向，趋势为王的思维很多就体现在基本面之中，通过分析周期我们可以知道什么时候是顺周期，什么时候是逆周期，什么时候可以激进一点，什么时候应该谨慎一点。

技术面的分析更多地贴近交易本身，因为技术面本身就是交易的反映，没有交易就不存在技术面，所以技术面就是市场行为。

我们通过各种各样的数据分析、各种各样的模型和工具，做出对群体行为的监控和建模，与其说这是一种技术，倒不如说是一门艺术。我们在这些艺术品中找寻真理，找到群体行为的痕迹和群体情绪的周期，并依此建立起自己的判断逻辑和交易体系。

很多人喜欢预测市场，因此出现了一批对预测结果的追求者。这就像是一场押大小的游戏，参与者沉迷于对结果的预测，而且愿意为此付出金钱。殊不知这是荒谬的，我们知道市场唯一不变的是变化，市场最大的吸引力来源于它的未知，投资者愿意为这份未来的不确定去加注。

我们真正应该做的事是对已有数据进行分析，而不是沉迷于对结果进行预测。准确地说，投资是一场基于数字基础的艺术创作，参与者共同创造了这些数据，而参与者的多样性也正是其艺术性的表现，艺术造诣的高低最终决定了你的作品是否亮眼，而衡量标准就是你的账户收益曲线。

一个优秀的艺术创作者会努力地让自己的账户收益曲线变得丝滑，不至于出现大起大落的无序感。

一个优秀的艺术创作者一定是理性的，是深思的，是独立的。他们知道观察远胜于行动，"投资是盘旋，而不是俯冲"，这句话在这些人的身上体现得格外明显。将更多精力放在对市场的观察，用各种工具对市场表现进行量化，并做好自己的记录，这是他们在下一次行动之前一定会做的功课。

这就好比一个专业咖啡师在拉花之前，一定会先挑选出油脂醇厚的豆子，将磨豆机的研磨度反复调试到合适的刻度，将咖啡机的气压和水压调试到合适的 PA 值，在做好这一切准备之后，确保不会因这些因素而影响一杯咖啡的口感，然后才会开始操作。萃取浓缩，打奶泡，拉花，牛奶的温度和奶泡的绵密度最终决定了一杯卡布奇诺的质量，这需要咖啡师日复一日地测试和感知，没有一个恒定的标准，每一位咖啡师做出来的咖啡都不一样，因为这里面倾注了咖啡师的经验和情感。

一个好的交易者就像一个好的咖啡师一样，需要认真地做好准备，总结经验，形成感知。你的最终交易决策是你经验和感知的量化表现，没有办法复制。同样，一只股票很难有两个人做到同样的收益。

一个好的咖啡师不会任由一杯牛奶被破坏，一个好的交易者同样不应该任由你的账户被破坏，对待账户应该像对待艺术品一样，小心呵护。同样，一件好的艺术品能够让你赏心悦目。

艺术注定是孤独的，一件艺术品反映了创作者的修为，将心力放在雕刻自己的艺术品上，是美好的，是畅意的，同样也是节制的。滚滚红尘，芸芸众生，你依旧只是你，愿你的收益曲线被当作艺术品放进收藏夹。

2.5 这些"冤枉钱"大家必须得花

通过这些年的市场经验总结，我发现一个很奇怪的普遍现象，就是大家都比较擅长讲价，但是却不擅长算账。

在《幸得诸君慰平生》这本书中，有一段话我很喜欢，既揭露了人生的真相，又反映了投资等很多方面的哲学，在这里与各位朋友共勉。

"你总以为世人误解了你，把种种污名往你头上安，你委屈、辩驳、解释，你要世人承认你所认识的正直的清白的你。然而也许真相是，世人并没有误解你，不了解你的人是你自己。"

总是想用交易结果来证明自己，一次次奋不顾身地扑向那泛着胜利的火光，一次次地被火灼伤，这是不是我们交易的样子呢？

交易中有部分沉没成本是必须承担的，还有一些沉没成本是大家不愿意承担的，但却是很有必要的。在《救猫咪》一书中，作者布莱克·斯奈德说："如果不愿意拼尽全力，为什么要来玩这个游戏？"

我们所投入的精力是我们在投资过程中很有必要付出的成本，也希望布莱克·斯奈德的这句话能够带给每一个读到这里的朋友以力量，投资并不是"伸手党"能够做好的，希望你可以做好。

何为沉没成本？哪些是我们应该避免的？哪些又是真的有必要承担的？我希望在这里能够帮助大家理清楚。

沉没成本是指，在做出决策时，因为已经投入的成本而不得不继续投入的成本。这些成本通常是固定成本，包括物质投入和非物质投入。物质投入可能包括已经购买的设备、建筑物、材料等，而非物质投入可能包括培训、研究等已经进行的工作。这些成本无论是否继续投入都无法收回，因此在决策分析中，需要对这些成本进行考量。

举个很简单的例子，我们在交易过程中所需要支付的交易成本是沉没成本，不管结果是盈利的还是亏损的，这一部分成本在交易指令促成之时就已经产生了。有些朋友对投资比较用心，每天会花一定的时间在对市场的研究上，花费的时间就属于沉没成本，不管最后的交易结果如何，不管是否执行交易，这个时间都已经花掉了。

需要注意的是，沉没成本是我们在决策前需要考虑的事情，而不能成为执行过程中的掣肘。在经济学中，沉没成本是一个非常重要的概念，它对决策分析有着重要的影响。沉没成本是指已经进行的投入，它无法收回，因此对决策的影响非常大。在决策分析中，沉没成本应该被考虑在内，但是不能成为唯一的决策依据。我们必须结合其他因素（如未来的收益、市场前景等）来做决策。

避免成为"沉没成本的奴隶"是一个重要的经济学原则，它可以帮助我们避免在决策分析过程中过于依赖沉没成本，从而做出错误的决策。我们需要情感化地对待已经进行的投入，注意考虑未来的收益、成本，以及其他选择。只有这样，我们才能做出最优的决策。

当促成一笔交易之后，交易手续费就已经成为沉没成本，有些看似精明的投资者就会小心翼翼地盯着成本，不再愿意按照交易标准执行交易，而成为沉没成本的奴隶，以至于账户向与自己预期相反的方向越走越远，最后走向深渊。

你是否会因为已经付出了很多，而选择再次押注到一件没有把握的事情上呢？我经常会遇到这样一类投资者：因为一只股票已经形成亏损，而加大投入以期望摊薄成本，这种行为无疑是愚蠢的。这类投资者加仓的初衷并不是因为这只股已经超跌，已经临近拐点，未来值得期待而去加仓，仅仅是因为自己被套了，希望通过加仓的方式让自己浮出水面，但是结果往往是不断负重，越沉越深。

所以当我们买入一只股票之后，我们所投入的本金也就成为沉没成本。通常出现的情况是，会因为已经投入了大量的资金而持有股票，即使这只股票的价格下跌，但也可能会因为担心面临更大的损失而不卖出股票。

假设你已经投入了大量的资金购买了一只股票。但是，随着时间的推移，该股票的价格下跌，而你的沉没成本也随之增加。在这种情况下，你很可能会因为担心面临更大的损失而决定不卖出股票。

然而，这种决策通常是不理性的。我们应该基于当前的市场条件和公司基本面来评估是否应该持有或卖出该股票,而不是基于已经投入的资金数量,这种行为可能会导致我们在更大的损失之后才决定卖出该股票。

因此,在股票交易中,我们应该注意沉没成本的影响,并且不应该因为已经投入大量资金而继续持有某只股票,而应该基于市场条件和公司基本面进行决策。

我一向不鼓励个人投资者做短线的博弈,因为短线的容错率是很低的,而且频繁的短线交易需要承担的沉没成本也是巨大的,市场从诞生起就注定很容易被操纵。资本具有化腐朽为神奇的力量,同时也具备毁灭短线交易者的能力。当你顺着情绪牵引频繁地逐利时,就已经陷入了别人设计好的陷阱。

减少交易频次是我们降低沉没成本很好的实现方式,在市场处于下跌和震荡期时,完全可以不交易,因为机会少,试错成本就会增加。在市场走势乐观的时候,交易并持有至路边大妈都开始谈论股票时;当情绪沸腾的时候,逆人性操作,悄然离场。

增加研读市场的时间是我们需要承担的沉没成本,研读市场并不能直接给我们的账户带来收益,但是却可以在我们做出决策的时候,为我们提供尽可能可靠的信息,帮助我们建立对市场的感知。这个过程就像我们在学校学习的过程,学习并不能直接转化为生产力,但却能提供实际应用时所需的潜在能力。

第 3 章
认识周期——顺势而为

- 3.1 如何用 3~5 年时间抓住一波机会
- 3.2 十年不见,变化居然会这么大
- 3.3 改变很多人家族命运的一次机会
- 3.4 新周期市场面临哪些机会
- 3.5 善于借助趋势的力量

3.1 如何用3～5年时间抓住一波机会

"站在台风口，猪都能起飞。"这是对"势"最赤裸的表白。

宁德时代创始人曾毓群，早年在国企单位工作，后不满现状下海创业，首战即选择了当时国内处于一片空白的聚合物锂电池行业，瞄准了手机发展的大势。

2011年，曾毓群再度创业，这一次他看中的是新能源汽车的未来，重金砸在三元锂电池的研发上。因为相比当时市场普遍选择的磷酸铁锂电池，三元锂电池具备高续航的特点，长续航一定会是未来的趋势。这一次，曾毓群带领宁德时代在7年时间里成长为全球锂电池王者。

很多人说"小米公司"是一只站在台风口上的"猪"，虽然这种说法有点抹杀了雷军的匠人精神，但是不得不说的是，雷老板确实踩准了智能手机的势，无势难成。

虽说弱者随势，强者造势，但是殊不知，市场的运行自有其内在规律，岂容个人翻手为云，覆手为雨！所有的大成，不过是刚刚好的时机加上刚刚好的眼光，再加上异于常人的努力。

市场的运行自有其规律，其背后是一双无形的手在推动这场运动。发现其运行规律，并利用这种规律，往往能够达到事半功倍的效果。

第3章 认识周期——顺势而为

万物皆周期,这是造物主创造世界时就设下的局,大到星体运行,小到个体情绪。我们经过不断地总结,将这种周期总结为四个阶段:繁荣期、衰退期、萧条期、复苏期。周而复始,复苏之后再繁荣,再衰退,再萧条,再复苏。

这种运行周期就好比四季一样,春天复苏,夏天繁荣,秋天衰退,冬天萧条。我们在春天进行播种,秋天收获,然后冬天就是以生存为主。同样,对于投资,我们也要遵循这个逻辑,找到市场的运行周期,在复苏时投资并加大投入,在衰退时离场,在萧条时休息。

顺周期时求发展,逆周期时求生存。

海浪的起伏其实也遵循着这种规律,而绿海龟作为海洋生物之一,就很好地利用了海浪的这种规律。绿海龟在前行时看起来很慢,但是实际上速度是很快的,有观察者特意试着与绿海龟比游泳速度,结果是,被甩出很远。

在海浪打向岸边时,海浪的方向与绿海龟行进的方向相反,绿海龟就会浮出水面划水,这时候不是为了前进,而是为了让自己停在原地,不至于后退。而当海浪再次卷来时,绿海龟会加快划水的频率,借着海浪加速前进。

绿海龟不与海浪抗争,而是在逆向时停在原地,在顺向时加速,这样既节省了自己的体力,同时又加快了行进速度。而我们通常是不顾一切地前进,在海浪打来时,与海浪抗争,最后精疲力竭,在顺向时已经无力向前划行。

大部分交易者都有这个毛病，不论市场处于什么阶段，总是义无反顾地往前冲。通常就是在逆周期时不懂得休息，而与趋势做对的结果就是账户缩水，本金在一次次与趋势对抗的过程中减少。而当趋势真正来临时，自己已经无力再发起进攻，很多交易者可能会被市场淘汰。

要想在这个市场生存，我们必须知道，亏损的速度永远比你盈利的速度快，当你亏损10%时，你需要盈利11.1%才能回本，而当你的亏损达到50%时，你需要盈利100%才能回本。所以，任何时候，保护好你的本金最重要。

在每3~5年的时间里，市场都会经历一次小的周期变动，所以我们想要将自己的账户收益曲线做得好看，就需要紧盯市场的变化，并在市场进入衰退期时，将自己的仓位降到安全位置。

这一轮小的周期变动被称为基钦周期，因为它是由美国经济学家约瑟夫·基钦于1923年提出的。基钦通过对物价、生产和就业的统计资料进行分析，认为市场经济的发展，每隔40个月左右就会出现一次有规律的上下波动。而这种波动的来源是，在企业生产资料过多时就会形成存货积压，不得不减少生产量，所以这种周期调整就被称为"库存周期"。

这种周期变动主要源于需求和供给的失衡，这也是市场运行不变的逻辑，所有的生产活动都是围绕需求和供给展开的。当需求不足时，供给就会疲软，过量的供给会使得市场价格被压低。由于人们都想把自己的东西卖出去，所以在这种竞争机制下就只能让利，降低价格,利润薄了之后企业就要减产,供给就会随之减少。当供给开始低于需求时,又会出现价格的上涨。物以稀为贵就是这个道理,价格的上涨会催生新一轮的扩产潮,供给随之增加。

在基钦周期里具体表现为:

主动补库存:需求上升,库存上升。

被动补库存:需求下降,库存上升。

主动去库存:需求下降,库存下降。

被动去库存:需求上升,库存下降。

主动补库存对应着市场的复苏期,这个时候需求开始回暖,供给也开始增加。

被动补库存对应着市场的繁荣期,价格的上涨吸引企业不断地增加产出和一些新企业入局,这个时候供给还在不断地增长,但是市场已经饱和,很难消化掉更多的供给,这时就会出现需求下降的现象。

供给的不断增加促使市场价格不断降低,因为本来存量市场无法再增加,加上一部分想要消费的人会选择等待更低的价格,这就造成了需求的进一步萎缩。

主动去库存对应着市场的衰退期,在需求下降后,企业存货积压,就会减产,库存随之下降。

被动去库存对应市场的萧条期，在标准大气压状态下，当温度达到 1064.4℃时黄金会熔化。同样市场也会有一个容忍度，触底反弹，在这种时候需求也会反弹，所以萧条期会出现需求逐渐复苏，从而进入新一轮的周期。

在经过大量的数据追溯之后，我们发现，在这 40 个月左右的周期里，有 24 个月左右的时间处于顺周期，也就是说，从复苏走向繁荣再到衰退；有 17 个月左右的时间处于逆周期，市场由衰退走向萧条。

我们将顺周期称为**扩张周期**，逆周期称为**紧缩周期**。

作为市场参与者，如何抓住这 40 个月左右周期中的机会，来实现财富的快速增长呢？方法就是努力寻找其中 26 个月左右的扩张周期，并利用好这一波趋势，在顺周期时风险收益比一定是最好的时候，得势者得利。

3.2　十年不见，变化居然会这么大

从校园踏入社会，就是我们拉开差距的开始。有人选择去国企上班，有人回家当了公务员，有人创业当了老板，各自在不同的赛道开始了完全不一样的人生。

2022 年，我和一个高中同学小聚，十多年没见了。他在大学

里学的是计算机专业，毕业之后在一家软件公司上班。工作两年后，他与几个小伙伴创立了自己的公司，起初是做外包，后面开始主营网页设计、小程序开发等。我们上次见面时，他已经是年产值5000万元以上的公司老板了。

不得不说，赛道的选择真的决定了人生的宽度和阈值。由于社会发展周期的差异，各个赛道的生命周期也完全不同。如果能正好遇上行业发展的黄金时期，得到政策的扶持、市场的扶持和资金的青睐，那么就可能在较短时间内做出不错的成绩。相反，如果进入的赛道是相对成熟的、稳定的，那么可能会比较好入手。但是，这也意味着将要面临较长时间的平淡，因为在成熟的市场中抢蛋糕并不是件容易的事儿。

如果选择在一个赛道进入衰退期的时候入场，就很难了。因为你要做的事是与时代发展的趋势做抗争，要在荒漠里种树。我们可以从书本中获取所需的知识，我们可以通过努力工作来获取想要的报酬，我们可以通过真诚去结交真心的朋友，但是周期所带来的机会，真的需要契机。

有的人23岁时遇到了波段性的周期机会，可是大学刚毕业懵懵懂懂错过了，于是下一次周期轮回得要10年后。有的人33岁遇到了波段性的周期机会，于是实现了阶级的跨越，步入了新的人生。有的人50岁才遇到人生的波段性机会，可是已心力不济，人生已成定局。

努力是自己给的，而有些机会是天给的，我常常会思考，真是那些人不行吗？可能并不是，换一个时代，可能相遇的结局就不一样了。幸运的是，我遇上了好的时代，而恰如其分的我也做好了准备，所以才能和机会撞了个满怀。

这个周期机会我们称其为朱格拉周期，也可称其为设备周期，它是法国经济学家克里门特·朱格拉在研究人口变化和社会经济时发现的。他发现这些变化并不是无序的，而是呈现周期性的波动，这通常又与生产设备的寿命紧密相连，设备从投入使用到更新迭代的时间是10年左右，而在这个时间周期内，经济也恰好经历了一轮从复苏到萧条的周期变化。

通常来说，朱格拉周期在经济衰退中结束，又在经济复苏时兴起。因为历来复苏经济的重要抓手就是基础设施行业，而基础设施行业的发展必然会产生生产设备的装配需求和迭代需求，也会带来新一轮的设备更新升级潮，而同时资本持有者也会加大相关产业的投资。

我们知道经济是环环相扣的，一环带动另一环，就像多米诺骨牌一样具备传导效应，朱格拉周期就是由基础设施行业传导开的经济运行周期。

罗翔（中国政法大学教授）说："人生的痛苦来源于跨越想到和做到之间的鸿沟。"尤其我们这些局中人，感触应该更深，知行合一谁都会说，但是真正能做到的没几个人。很多时候我们的认知到了，但是行动却过于滞后。所以，周期发展的机会对每个人而言其实都是一样的，只是面对机会的态度不同，结果就会不同。

记得大学时我和同学合伙创业，做教育培训班，为了搞清楚当地的教培环境和市场，我们走访了当地的前十所教培机构，去调研他们的师生规模、收费标准、学时设置、师资力量等，然后回来熬夜整理。在一份份市场调研数据中，我们拟定了收费标准和课时设置，然后才开始招生。当然，我们请的老师都是同学里的尖子生，这是我们的优势。

机构在选择一个投资标的时也是一样的，会先去调研，他们可不是拍脑袋做决策，而是真真实实地深入企业去看，用眼睛去证实企业生产线的建设情况，投工投产情况，竞争对手情况，库存和供货情况等，包括创始人的出身和做事风格，也会成为他们的考量因素。

投资其实也是一场调研，机会是均等的，而认知力和行动力是存在巨大差异的。认知力来源于我们不断地学习和调研。因为了解，所以相信，在未来到来之前，所有人都不知道真相。

我们通过不断地学习来扩充自己的知识，进而延展自己认知的边界。在这个过程中，我们看到一个行业未来的可能性。我们通过实地调研，通过对各企业、各国的发展状况进行分析，来对当下的发展阶段做出判断，并做出自己的投资决策。

而对于行动力，一方面，它来源于我们调研的深度，因为怀疑是影响决策的重大因素，只有当扫清了障碍之后，才能知道自己的资金是在一个什么样的环境中运转的；另一方面，它来源于我们的性格和风险偏好，在面对机会时，有人当机立断，有人唯唯诺诺，这是很难改变的。

也正因为如此,在一轮周期性机会扫过之后,有人实现了阶级跨越,有人赚到了小钱,而有人的生活一成不变。

所以回报率最高的事情是投资自己,训练自己。在机会来临前,潜心修炼;当机会来临时,好好把握,借助趋势的力量,俯冲一段。

3.3 改变很多人家族命运的一次机会

"在快速变化的市场中寻得洞见,不仅需要掌握金融理论和商业规律,还要全面回顾历史的曲折演进,通晓时事的来龙去脉,更要洞悉人们的内心诉求。价值投资不是数学或推理,不能纸上谈兵,必须像社会学的田野调查一样,理解真实的生产生活场景,才能真正掌握什么样的产品是消费者所需要的,什么样的服务是真正有意义的。"

高瓴资本创始人张磊在他的《价值》一书中,谈及他的投资逻辑,他认为,长期主义是一种清醒,帮助我们建立理性的认知框架,这种理念在时间维度上的沉淀,不是大浪淘沙的沉锚,而是随风起航的扬帆。

但是很多投资者恰恰相反,在我所接触的这些投资者中,很少有注重长期主义的。这些年我做财经自媒体,对此深有感触,大家普遍深陷于短期的诱惑和恍然中,无法自拔。对于普通投资者而言,真正困难的不是认知上的跨越,而是行动力上的跨越,因为行动力深受人性的桎梏。

我很喜欢张磊的一句话:"流水不争先,争的是滔滔不绝。"

当我们疏通了这层干扰时,投资理应是一条越走越坦然、宁静的道路。虽然说一级市场和二级市场的投资存在很大差别,但是有一点能够肯定,经济市场一切都只会围绕价值展开,因价值而生,最后也因价值无法兑现而灭,常青藤式的企业一定是持续输出价值的企业。

在一级市场中投资相对来说难度要大很多,因为一级市场中的公司主要是初创型企业,这些企业的目的是通过资本为新项目(尚未上市交易)加持,进而使其落地。二级市场市场化相对来说能够量化一些,他们离市场化更进一步,我们在选择投资时也更容易看到公司背后的价值,以及与现实的差距。

遵循长期主义的投资者往往能够享受到时间带来的红利,因为十年树木,百年树人,真正的价值绝不是 $T+1$ 能够显露出来的,希望更多的投资者能够明白这一点,进而走出泥潭,与时间并肩,拥抱价值。

我在这些年的投资中也越来越感受到时间所带来的价值,回归到资本的本质,很多伟大的企业在资本的加持下熠熠生辉,改变了我们的生活方式,同时也推动了经济和社会的进步。资本斡旋,一个个化腐朽为神奇的故事也在发生。

投资是一件平凡的小事，同时也是一件伟大的事，当我们看清一些现象背后的本质之后，投注并陪伴其成长，必然会收获发展的成果。

人的一生平均会遇到一到两次大的机会，这是经济发展时代跃迁社会变革的必然结果。滚滚巨轮向前，发展升级迭代的趋势不变。当长期主义遇上这种大的机会时，叠加爆发的效果往往是惊人的。

1926 年，俄国经济学家尼古拉·德米特里耶维奇·康德拉季耶夫发现，发达商品经济中存在一个为期 50～60 年的经济周期，后来人们将其称为**康波周期**。康波周期的开端往往伴随着新技术的出现。比如，截至目前，几次康波周期的发生都与工业革命息息相关。

17 世纪末，第一次工业革命发生，也是第一次康波周期的起点；18 世纪中叶，电力的应用催生了第二次工业革命，也迎来了第二次康波周期；20 世纪初期，随着电视空调等的出现，人们的生活方式发生了天翻地覆的变化，第三次康波周期也随之到来；20 世纪中叶，互联网的诞生标志着第三次科技革命席卷而来，同时也是第四波康波周期的起始点。

每一次康波周期的到来伴随的变革都是技术改变时代：新技术的出现，旧产业的迭代升级，社会生产效率的显著提升，人民生活方式的极大改变。因此康波周期整轮走完所需的时间是比较久的，每一轮康波周期都会出现很多新的技术产业，同时也会实现社会财富的再分配。

康波周期又被称为**科技投资周期**,往往发生在技术迭代升级阶段。在一次康波周期里又包含着数轮朱格拉周期和基钦周期。

抓住一轮康波周期,就可能在财富再分配的浪潮中实现财富跨越。

大家对"科技改变生活"的感受都很强烈,在我小的时候上学都是步行,远一点的路程基本都是坐大巴车,那时候私家车是很少的。然而,现在基本上家家都有车,甚至有的家庭一人一辆,我们的出行方式发生了翻天覆地的变化。

小的时候打游戏基本要去网吧,那时候网吧的生意很火爆,家庭很少有买电脑的,而且学校也几乎没有电脑课,计算机好像离我们还很遥远,而现在电脑的普及率达到90%以上,城镇的电脑普及率达到100%,电脑已成为生产生活的主要工具。

随着5G网络的普及,短视频也成为我们生活中必不可少的元素,很多普通人通过短视频实现了财富积累或者阶层跨越,改变了命运。而现在伴随着人工智能的发展,社会生产结构也将再次发生巨大的变化。新的就业岗位诞生,传统的劳动力密集型岗位逐渐被人工智能替代,社会生产效率上升到一个新的台阶。

可见,时间不光成为时代变迁的标尺,同时也给了信徒以厚报,只是大部分人无法跨越时间的鸿沟,分不清时间洪流中的诱惑和价值。时间在随波逐流中飞逝,大部分人却在坚持中度日如年。

所以，很多价值投资者在时间面前溃不成军，因为大周期中的小周期陷阱往往让人迷失，一次次的波动摧毁了最初的信仰，不得不将所有的成果归功于运气，也将所有的期待寄托于运气。

"投资"与"投机"历来被人所争论。

投资者半途而废转入投机者阵营，投机者根本不相信投资，所以真正的市场投资者屈指可数，不乏有投机者成功的案例，但是那少数的大成者基本上都是坚守价值投资的人。

作家大冰在他 10 年的写书生涯中，贯穿行文的一句话是"于无常处知有情，于有情处知众生"，这句话对我也有一些影响，因为他说的是人生，而我的投资哲学也来源于人生感悟。

在时刻变化的市场中寻求不变，在不变中坚守价值。

3.4　新周期市场面临哪些机会

要想了解现在的市场面临哪些机会，就一定要弄清楚市场过去发生了什么，现在正在发生什么，厘清市场发展的脉络，从过去看现在，从现在看未来。

我们无法预测未来会发生什么，但是经济运行周期已经埋在市场的兴衰更替之中，耐心去分析，数据会给我们线索。

多年来的投资让我养成了一个习惯,从大周期入手,大周期中包含了政策导向和发展规划等宏观方向,它就像护城河一样,为我们的交易建立起安全边界,为我们指明大的方向。在大的方向下前进,即使中间有波折也能到达目的地;然后切入小周期,分析具体的操作机会和好的时间节点,小周期更加亲近交易本身。在大小周期的配合下,大周期保护小周期,我们能够更好地找到入场时点,发挥成本优势。

如图 3-1 所示,市场的发展会经历四个阶段:繁荣期、衰退期、萧条期、复苏期,四个阶段共同构成了一轮经济周期。市场背后又有一双无形的手,削峰填谷,使经济周期在有序状态下运行、推进。

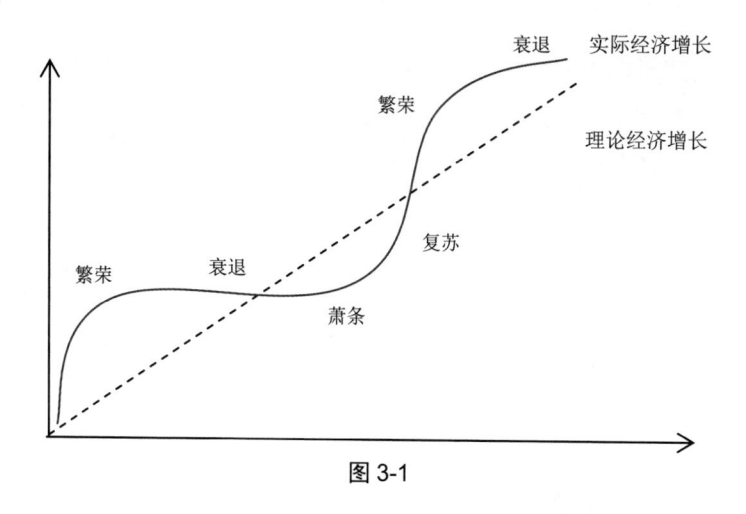

图 3-1

我们所有的调研和分析,其实都是在大周期里发现价值,再在小周期里寻找机会。为什么既要强调大周期的价值,又要强调小周期的机会呢？这是因为，对大多数的投资者来说，情绪是影响交易的关键因素，而小周期的作用恰恰能够解决情绪的问题，因为合适的时间点可以减少回撤所带来的情绪波动。

这并不矛盾，不是说关注小周期就背弃了价值投资的理念，任何时候成本和风险永远是我们考虑的首要因素。较低的成本可以让我们承受更低的风险，犯错的代价也会更低，这会极大地降低交易所带来的心理压力。

17世纪末，蒸汽机问世，18世纪中叶，瓦特改良了蒸汽机，机器开始真正地替代手工劳作，生产效率第一次实现了大的跨越，历史上称之为第一次工业革命。通过追溯发展的轨迹，我们发现，那个时候也是第一次大经济周期康波周期的起点。

一轮康波周期持续的时间是50～60年，第一轮康波周期结束，时间也来到了19世纪中叶。正是在这个时候，电力开始逐渐应用，内燃机也被发明出来，人类社会进入电器时代。于是，新一轮的康波周期也在第二次工业革命中揭开帷幕。

这一轮周期发展到20世纪初期结束，随之而来的技术突破是空调、电视等的出现，又一次颠覆了人们的生活方式，这也被称为第三次康波周期的起点。

紧接着就是互联网的出现，1969年互联网在美国诞生，一场改变世界的变局也由此开始。1994年，中国才接入互联网，比西方晚了近30年，这也是我们现在很多技术被卡脖子的原因之一。随着互联网的诞生，一场真正意义上的科技革命拉开序幕，这也是第四次康波周期的起点。

按照时间推算，第五次康波周期的起点应该在2020—2030年，也就是我们现在所处的时间节点。环顾身边发生的一切，是不是已经不再是昨天：短视频颠覆了传统媒介，成为大众生活中的重要角色；人工智能的发展更是令人咋舌，自动驾驶汽车在路上行驶，ChatGPT具备强大的学习能力，能够解决很多疑难问题，因而成为工作的好帮手……时代又在被颠覆。

这一次，中国站在了风暴的中心。

2001年，中国加入世界贸易组织（WTO），出口随之大幅增加，同时带来的变化是企业生产需求的大幅提升，企业生产需求的提升又带动了设备的更新和补给。所以这里也是设备生产周期——朱格拉周期的起点。

这一轮朱格拉周期随着2007年美国爆发次贷危机而走向萧条，随后我国政府为了拯救经济危机下的国家经济，发动"四万亿计划"，刺激经济的复苏发展，而这些钱主要流向了房地产和制造业，也因此而迎来了房地产行业的黄金十年。制造业的复苏带动了新一轮的设备更新迭代浪潮，新一轮的朱格拉周期也从这里开始。

随后，2019年年底，新冠疫情爆发，经济发展速度骤降，民众的消费需求一下子转向了生活型消费，疫情下生存成了首要目标。3年抗疫，终于在2023年，人民的生产生活重新回到正轨，经济也开始出现转折，那么这里会不会是新一轮朱格拉周期的起点呢？

朱格拉周期的持续时间是 10 年左右，在萧条中结束，也在萧条中重生，按照时间推算，按照社会发展的现状分析，这里就是新一轮朱格拉周期的起点。随着国家新一代领导班子的上任，随着各种政策的出台，随着加大、做强制造业的号召，这一轮经济复苏发展的步子已经迈开了。

西方经济学家认为，所有的生产都是为消费服务，只要不断刺激消费需求，经济繁荣的泡沫就不会破灭。然而，事实并非如此。美国 2022 年一年 7 次的加息已经让这个论断不攻自破，经济的发展自有周期，靠不断释放流动性吹起的繁荣泡沫终究会破灭，市场也必将回归到理性状态。

逐利是企业创造的原动力，价格的上涨、利润空间的扩张会推动企业加大生产，而市场的平衡是由供需来维持的，原则上说，需求的变动并不会太大，对生活必需品的需求几乎不会怎么变动，而对消费品的需求会随着收入的增加而增加，但其变动是有限的。而生产的增长是爆炸级的，利润会吸引追风者涌入。

生产的不断扩张会出现库存积压，当需求已经无法消化供给时，企业只能被迫降价，甚至是促销，而经济的传导性是环环相扣的，降价会摊薄利润，企业就会减少生产，减少生产就会辞去部分工人，而且薪资可能也会降低，需求进一步缩减。

由库存变化而引起的经济周期变化，我们称之为基钦周期，一般每 3～4 年会经历一轮基钦周期。如图 3-2 所示，2023 年 2 月 PPI（生产价格指数）处于阶段性低点。

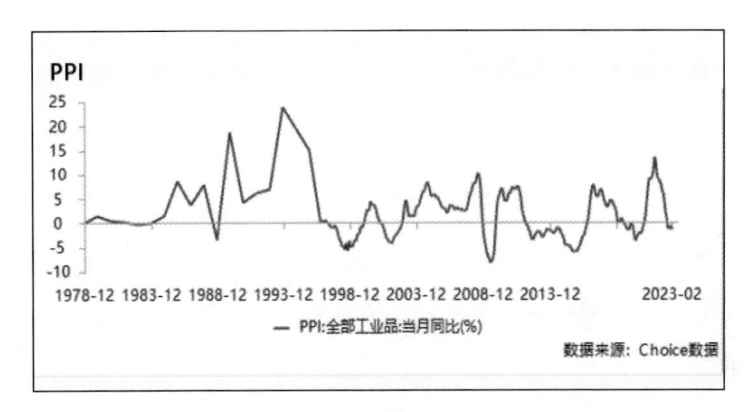

图 3-2

如图 3-3 所示，PMI 数据显示，2023 年年初产成品库存已经出现回升，为什么库存回升会来得更早一些呢？这源于企业对疫情的展望，大家一致预期解封之后经济会出现反弹，需求也会迅速反弹，然而实际并没有那么乐观，疫情放开之后经济并没有立即反弹，大家的消费需求并没有立即打开，对疫情的谨慎态度压制了大家的消费欲望。

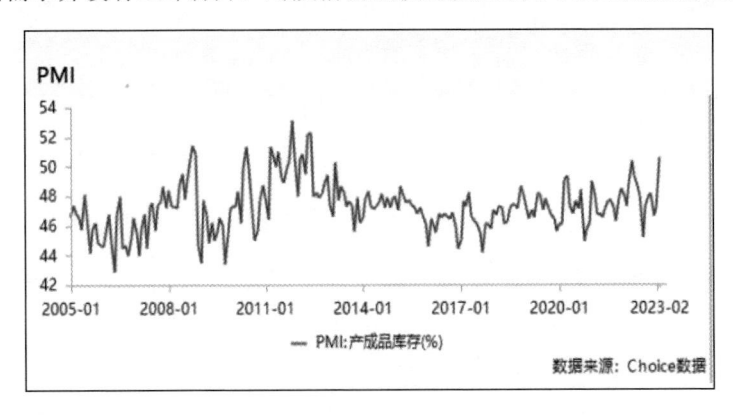

图 3-3

不管怎么说，新一轮库存周期的主动补库存阶段确实已经到来，市场确实已经复苏。

很凑巧的是，这一次，重新站在市场的复苏阶段，陪我们共同展望的周期是基钦周期、朱格拉周期和康波周期。

新一轮的基钦周期已经开始，新一轮的朱格拉周期的号角已经吹响，新一轮的科技革命或许正从这里拉开帷幕。

3.5　善于借助趋势的力量

我很喜欢"趋势为王"这四个字，因为这里面所包含的思想无疑是具备大智慧的。一生中可供我们选择的机会非常多，每一处诱惑其实都与机会相关，你可以想想，你有多少次追寻诱惑而做出了决定。但是这里面又有非常多的陷阱，我们需要付出的机会成本会很大，所以每一次选择都应该是慎重的，每一次出击都应该是经过大量佐证的，寻求阻力最小的位置去突破，可实现边际效益最大化。

我经常讲到的一个观点是，大周期保护小周期，就是我们永远从大的方向入手去寻找机会，这些大的方向包括全球经济发展趋势、时代变迁阶段、国家上层建筑导向，等等。一个人造不出一个雄安新区，但是上层建筑可以做到，一个芯片无法推动科技革命，但是整个科技行业的迭代升级却可以做到，这就是趋势的力量。

20年前大宗商品完成了一次财富分配，很多人借着大宗商品的周期性牛市机会实现了财富的快速积累。从2001年到2011年持续十年的牛市，农产品、能源、金属等价格都创下了历史新高。

这一时期内有一位不得不提的大佬——傅海棠，农民出身，在2009年到2010年的商品期货市场，他用18个月的时间，将资产从5万元做到1.2亿元，资产增加到原来的2400倍。他的理念就是趋势，他遵循天道，认为最朴素的交易方法就是最好的，是真正的顺势而为，他也被投资界称为"农民哲学家"。

10年前的房地产，再一次实现了财富的重新分配，经济发展经历了次贷危机等的打击，可以说百废待兴。靠什么兴呢？答案无疑是基建房地产，国家大力支持房地产的发展，房地产也从次贷危机中走了出来，并走出了持续10年的牛市。

这期间值得一提的自然是王健林，作为这一轮房地产牛市中发家致富的代表人物，王健林早期瞄准了商业地产这块蛋糕，迅速做大做强，充分享受了商业地产时代的趋势红利，赚得盆满钵满。

你敢忽视趋势的力量吗？无可置疑的是，在百花齐放的现代经济体中，确实各领域各行业都有利可图，但是真正的大机会一定是趋势，是风口，只有台风来临时，才能迎风远航。

字节跳动的创始人张一鸣，当互联网大潮席卷而来时，他嗅到了机会，于是辞掉之前的工作，创办了字节跳动。信息时代改变了人们的生活方式，张一鸣也站在了这一次大的风口上，2021年，他以3400亿元人民币的财富值站上了胡润财富榜第二名。

包括抖音电商的兴起，又是一次浪潮。这一次，很多普通人抓住机会实现了财富跨越，相信在我的读者中一定也有不少人是这次风口的受益者。

雷军曾在一次采访中说，现在聪明人、勤奋的人有很多，但是这样的人一定会成功吗？答案是否定的，因为那只是成功的前置条件，有这些条件不能保证你一定成功，真正重要的是顺势而为，你要找到那个台风口。

列举了大量的例子，目的只有一个，向大家佐证趋势的重要性，一个人无法改变一个时代，但是一个时代却可以改变无数人。

你愿意做站在台风口的"猪"吗？

所以对于我们投资者而言，市场的机会太多太多，但并不是每一次都需要把握住，不想放过任何一次机会往往就难以抓住机会。

"舍得"是中华文化的大智慧，只有舍小利才可得大成，放弃一些机会，才能将注意力集中在真正的机会上面。要知道，一个人的精力始终是有限的。

这也是为什么大家很难做好投资的原因。因为没有体系，没有标准，这样的结果给我们自身的错觉就是存在信息差，好像大家都有内幕消息，唯独自己没有，因此憎恨内幕交易者，也抱怨自己为什么得不到。在这种情绪的牵引下，大家的选择就是不断地追随，不放过任何一次机会。

最后成全了交易商,交易商是很乐意看到大家这样的,手续费的收入着实会比较可观。但是稍有长期主义格局的交易商都会偶尔提醒一下你,交易频率别太高,这样会增大交易成本。一年下来,你的收益率可能还填不平交易手续费的损耗。

作为一个理性的人,我们应该清楚地认识到,不是每一次机会都属于我们,震荡中的小周期难以支撑起梦想,只有趋势性的大机会才能够提供一展宏图的舞台。

信息差永远会存在,只要市场还是这个市场,只要交易还是由人来控制的。但是在互联网时代的背景下,信息差已经被严重挤压,这是一个信息极度饥饿的时代,大家都在疯狂地摄取各种各样的信息,而创作者们也会毫不吝啬地输出各种信息。只要有需求,就会被创造。

所以真正的问题不在信息差,现在理应是认知变现的时代。更多的问题来源于认知的不足,真正的趋势性大机会从来都不是在阴沟小巷中诞生的,它一定是沐浴着圣光而来的,使命必达。其实我们都看到了,只是极少数人愿意相信,在愿意相信的这些人中又有极少数人愿意付出并且同行。我们太想一蹴而就,太想一步登天,太想一夜暴富,因而忽视了陪伴的力量,忽视了时间的力量,忽视了相信的价值。

亡于无知和犹豫,失败者的口头禅是"抓住每一次机会"。

成于认知和等待,成功者的座右铭是"抓住一次机会"。

风会来,你是否有起飞的准备?

第 4 章
时间价值——认知迭代

- 4.1 你是如何从"新韭菜"变成"老韭菜"的
- 4.2 为什么隔壁老王比我炒股时间短,赚得却比我多
- 4.3 本金越来越少,该怎么办
- 4.4 建立投资护城河
- 4.5 如何做聪明的投资者

4.1 你是如何从"新韭菜"变成"老韭菜"的

交易对于大部分人来说可能是一个投机的事情，而通常来说，投机又好像与算卦没什么区别。就像硬币的两面，拼运气而已。但是实质并非如此，交易涵盖了太多的学问，绝不是仅靠运气就可以取胜的。运气可能让一个交易者在一两次交易中获利，但是运气不可能一直有效，一次巨大的亏损就可能让运气主义功亏一篑。

我曾经和一个有 5 年交易经验的读者聊天，当然，他可能并不能算是一个交易者，而只能说在这 5 年里他都在和股票打交道。当时他的说法就是"千万不要碰股票"，我很疑惑，为什么对股票这么嗤之以鼻，自己却又不离开呢？

他说股市就是赌，没有什么交易方法，没有什么行之有效的分析可言。

在听了他的言论之后，我很想反驳，但是因为他是长辈，而且我们之间也没有任何其他纷争，于是我就把自己禁言了，没有发表观点。

这些年，我接触了很多投资者，与他们进行交流，我觉得很可惜，因为几乎很少有人把投资当作一件需要花心思、花心血的事情。

他们唯一的投入就是情绪，唯一的贡献就是为市场情绪指标起到了推波助澜的作用，真的仅此而已。

当然，你能够看到这里，我相信你不是那大部分人中的一分子，因为你想学习，你希望通过知识武装自己，从而改善自己的交易状况，重新装饰自己的账户，不然你也不可能来到这里。我很开心，你是一个愿意真正从自己入手的投资者。同样，你也一定会成为一个好的交易者。

交易之难，难在哪里？

其实真正的难，难在我们不思进取，从来没想过是不是自己的方法有问题，而把更多的情绪丢给市场，觉得问题的根源是市场，是机制，是国情，是监管，是内幕，是操纵……

这样的想法真的很糟糕，因为环境是我们无法改变的，唯一可改变的是我们自己，我们只能通过不断地调整自己的状态，以适应市场，适应变化，适应时代。

在我最开始接触股市的时候，我也是一样的。当时我刚读大学，第一次将真金白银投入股市，但是仅仅用了一个月的时间，我亏光了一个学期的生活费，那真的是极其糟糕的回忆。

当时我不懂交易，和大多数小白投资者一样，但是又希望能够在股市中找到属于自己的财富，所以这场游戏变成了追逐游戏。我不停地追着财富跑，最后不仅没追到，还把自己身上的几个钢蹦（硬币）给跑丢了。

这就是我当时第一次接触股市的血淋淋的事实,但是我并没有把情绪撒在市场,而是不断地反思,为什么会出现这样的问题?究竟应该如何炒好股票?为什么追涨杀跌不对,难道交易不应该是谁涨了就买谁吗?

带着思考的心,我不断地接触新的投资思维和投资方法,不断地尝试着改变自己的交易状态。当然,最后我成功了,我的第一桶金确实是股市给的。

而这个过程很难,所以这个市场中赚钱的人只是少数,多数人无法摆脱亏损的魔咒。其实真正可怕的并不是亏损,而是我们不思进取的内心状态。

不信你可以问问自己,是否愿意每天花费3~4小时来学习投资知识?是否愿意每天花费几个小时来测试自己的交易体系,或者说建立自己的交易体系?是否愿意在收盘后花点时间来反思一下今天出现的问题?我想,大部分人的回答是"No",即使嘴上说的是"Yes",行动上也是"No"。

只享受交易时间冲浪的快乐,却从来不思考如何提升冲浪的技巧,这是很糟糕的。

所以很多人从"新韭菜"("韭菜",网络用语,指市场中被收割的投资群体)逐渐沦为"老韭菜",经历确实是丰富了,但是经验并没有增长,贫脊者依旧贫脊,普通者依旧普通,"韭菜"依旧是"韭菜",只是老了。

当然，说这些绝对没有讽刺任何人的意思，我只是在说一个残酷的现实，接受这个现实，有助于改变我们自己的投资状态。

把关注点从市场转移到自身上，事情就会变得不一样。今天的交易为什么会犯错，错在哪里？有没有按照提前制定的规则执行？如果是按照规则执行的，错了，那是正常的，只是我们的规则还需要修正、完善。如果没有执行规则而出错了，那就是自己的执行力还存在严重的问题，只能用亏损来加深印象了。

没有交易规则，这不能叫作交易，充其量只能算是消费。因为不从自身做出改变，不从交易体系去建立交易标准，很长时间之后"韭菜"依旧还是"韭菜"，并不会因为年长或者经历丰富就能避免镰刀（指市场中收割别的投资者的投资群体）的收割。

4.2　为什么隔壁老王比我炒股时间短，赚得却比我多

做交易毫无疑问是困难的，可能比做任何一件事情都要难。

你可以用3～5年的时间创业，可以用10～20年的时间做一款产品，但是你很难用一年半载的时间做一笔交易。

因为大部分人把交易当成了牟取暴利的手段，希望在短时间内

赚取大额回报，正是这种急功近利的想法，让自己的账户蒙受了巨大的损失。交易不是一个点，而应该是一条线，是一个连续的过程。

一个成熟的交易者一般会经历几个过程：盲目地买卖，情绪主导下的追涨杀跌，毫无标准；开始研究技术面，按照技术指标进行买卖，但是学得很初级，往往失败；开始研究基本面，关注公司的发展和行业赛道的未来，以及公司的盈利能力等；开始研究心理，研究情绪，从对外在的研究转向对自我的研究，交易开始实现盈利。

在交易中，如果我们的得失心太重，往往是做不好的。得失心会直接反映到情绪上，产生剧烈的情绪波动。买入之后，由于得失心的驱使会使我们急切地想要看到结果，想要验证自己的正确性，急切地想要拿到结果。这种心态会直接影响对交易的判断，进而影响操作，往往就会事与愿违。

交易的真正内核应该是对情绪的控制，把对结果的得失心转移到过程之中，专注于过程中的尽善尽美，不断地完善和改进自己的方法，这才是实现盈利的关键。

因此，交易并不在于时间的长短，有的人交易的时间很长，但是依然做不好交易，而有的人交易的时间并不长，但是却能够在交易市场有所成就，其本质差异在于，是否用心做交易。

失败者总在找理由，而成功者总在找方法。大部分的交易者之所以不能成功，在于心思没有用在交易上，而是用在交易的结果上。你不注重过程，凭什么想要拿到结果？没有付出何来收获呢？这是很现实的事情。

交易市场和实际的生活没有什么区别，都是一分耕耘一分收获，不可能平白无故地让我们赚到钱。有句话说得好，凭运气赚的钱都会凭实力亏回去。

所以成功者是把交易当作事业来做的，投入精力和心力，不断地挖掘自身的问题，并不断地改进，以适应多变的市场环境。

现在，这种情况已经在慢慢变好，这个时代在发生着改变，大家对知识、对劳动成果越来越尊重，所以很多投资者开始在市面上学习各种投资方法或交易软件，也开始意识到这个市场并不是那么好赚钱，需要一些方法和逻辑。

可悲的是，大家还是选择了捷径，当然这也无可厚非，因为自身能力的限制和精力的限制，寻求一些速成的途径是没有问题的。但是我们需要注意的是，市面上所有的方法和交易工具都是机械式的，简言之，那是别人某一段实践的总结，对某一阶段的验证，而市场是动态的、不断变化的。

现在有效的方法，未来是否依然有效，还是个未知数。

机械式地交易和接受，最大的问题就是难以适应时代的变化，因为此刻你的工具和知识都不是你自己的，是你花钱买了别人的，那么别人给你的是静态的东西。就像我们的手机一样，用几年后，就得更换新手机。因为时代的变化，系统的更新，旧的手机已经无法承载新的需求，那么我们只能更换新手机。

同理，知识和工具是静态的，而市场和时代是动态的，静态的东西难以适应动态的变化，然后就会被淘汰。

所以，真正成功的交易者都有自己的交易体系，交易体系中包含了"买""卖""止损点""止盈点"等。简言之，每一次交易都是有迹可循的，都不是凭空产生的，其背后都必然有支撑的逻辑存在。

这种系统的建立绝不是容易的，需要大量的回测练习，通常都要经历几个阶段才能打造一套成熟的交易体系。

首先，建模阶段，就是搭建自己体系的模型，建模阶段需要进行大量的回测检验，用历史数据来检验，最终通过数据的回测练习建立起交易模型。

然后，进行模拟交易，模拟交易的目的很简单，有两个。

第一，检验自己系统的有效性，通过大量的模拟练习找到交易体系的不足，并不断地进行完善。模拟练习已经很接近真实的交易了，在这个过程中，交易者会看到交易体系的不足和弊端，尽可能地修正及缩小误差，同时记录下系统的缺陷。这样，在交易的过程中面临这种情况时就能做出必要的应对。

第二，检验自己的执行力，因为系统建立之后还是需要人来执行的。当然，现在有了很多量化交易，执行可以用计算机去完成，而这并不适用于大部分的普通投资者。我们需要有清醒的认识，靠自己才最靠谱，所以我们要检验自己的执行力，并训练自己的执行力。

有些人在模拟交易中能够做好，但是实际操作却又做不好，这很正常，因为模拟盘时得失心不重，毕竟不是自己的钱，都是虚拟的，所以无所谓。而实盘时都是真金白银，心态就会不一样，看似一笔简单的交易，实则心中波澜起伏。

这需要一个磨炼过程，当你在模拟交易中已经将自己的系统打造好时，就可以转到实盘交易了，再进行大量的模拟交易没有意义。

这时候需要做的事就是严格地执行和记录，然后进行反思。一天的交易下来，收盘后需要认真地复盘，自己在这一天的交易中存在哪些问题，及时找出来。不知道自己缺陷的人是危险的，可能不知道哪一天就会掉进自己的缺陷里。

这个过程会很难，能够记录自己的交易不难，但是能够长期记录自己交易的人少之又少。换言之，就是能够执行系统不难，但是能够做到一直执行系统的人少之又少。

我们听过很多期货大佬爆仓跳楼的事情，毫无疑问，他们的交易是成功的，但是他们不能一以贯之地执行。在某一次交易中欲望被放大，抛弃了规则，可能就正好爆仓了，一次的失败足以毁掉一生的交易。所以，成功的交易难在贯彻执行。

记录交易的目的是监督自己执行，执行力是使系统有效的关键，我们允许犯错，因为现在的交易成本已经很低了。有些券商的交易佣金已降到万分之一，你可以在实盘时拿出小仓位的资金进行实盘训练，并记录下自己的每一笔交易。

你要不断地提高自己的决策能力和执行能力。当你在买入一只股票的时候，你的注意力不再关注于是否盈利，而是关注于这次的交易是否按照标准执行。然后什么时候又该按照标准卖出？当交易过程做到尽可能完美时，你的交易基本上就成功了。主观情绪已经不会影响你的交易本身，这个时候可以逐步加仓，扩大交易的规模。

这个过程是每个交易者都应该也必须要经历的过程，就是与自己的欲望和自己的情绪站在对立面，用系统的标准和规则来框住自己，管住自己的手脚，让自己的交易系统像法律一样成为规范你行为的准则。

这个过程很难，但是一定要坚持下去，没有随随便便的成功，交易也是一样的。看似简单实则不简单，所有跟你说大道至简的，背后都是千锤百炼的经历。百炼钢方成绕指柔，不断地训练，不断地反思，让规则成为习惯，你会感谢没有放弃这个过程的自己。

4.3 本金越来越少，该怎么办

之前提到，交易体系的建立是交易者成功的关键，交易者必须有自己的交易准则。什么时候该买，什么时候该卖，这些都不是凭空而来的,都不能凭感觉做决定,而是经过时间的不断检验之后锤炼出交易标准,再按交易标准执行。在这个交易体系中,还有一个非常关键的要素,就是安全边际。

如何管理自己的账户,并给账户上保险呢?

市场具有太多的未知因素,交易者即使建立严格的买卖标准也会有出错的时候。那么出错了该怎么办?答案是,要有严格的止损标准,也就是建立纠错机制,只有做好风险管理才能实现长期盈利。

当然,在本书中,我并没有给出交易体系,因为交易体系是静态的,而市场是动态的,我并不希望你拿到一个静态的东西而以为可以一劳永逸。如果你愿意花时间和精力建立自己的标准,我相信本书中设计的知识已经足够你搭建一套初步的交易体系了,而如果你不愿意花时间做这件事情,那么即使我给你交易体系也是徒劳的,甚至可能会害了你。

这件事情没有人可以帮得了你,唯有自渡,方能成功。

交易是一个高风险的投资领域,成功的投资者必须具备有效的风险控制策略,风险管理是实现成功投资的关键。无论是经验丰富的专业交易者还是新手投资者,都需要有一套有效的风险控制策略。风险管理的目标是在投资过程中降低损失,并确保投资的长期稳定增长。接下来,我给大家介绍一些关于风险管理的方法,希望对大家的交易有所帮助。

首先，我们需要明确我们所面临的风险有哪些。

市场风险：市场风险是由整个市场的不确定性和波动性引起的风险，包括经济衰退、政治事件、利率变动等，它们会对整个市场产生影响，导致股票价格波动。这里面包含了经济周期带来的系统性风险，也包括一些突发情况所产生的非系统性风险，也就是我们常说的"黑天鹅"事件。

行业风险：行业风险是指特定行业面临的风险，如技术进步、行业监管变化、竞争加剧等。行业风险可能会导致某些行业的股票表现不佳，从而对投资产生负面影响。比如，这几年国家对新能源行业的补贴，为行业发展带来了持续的动力，但也正是由于政策大力支持，所以出现了产能过剩的情况，我们需要关注行业的周期性变化。

个股风险：个股风险是指与特定公司相关的风险，如管理层变动、财务状况恶化、产品失败等。个股风险可能会导致某只股票的价格大幅下跌。比如，近几年，我们跟美国之间的贸易摩擦不断，美国对我们的科技行业技术封锁严重，这对于我们长期依赖进口的关键零部件和技术造成了比较严重的打击，相关的公司在这其中所受到的损失也比较严重，短期内就会造成股价的下跌。长期来说，生产成本增加或者产品线被动停工停产，这些对投资而言都是不可控的风险。

其次，为了应对这些风险，我们需要建立行之有效的风险防控措施，为我们的账户保驾护航。我经常讲到的，也是大家听得最多的策略就是分散投资。

分散投资是通过将投资组合分散在不同的资产类别、行业和地理区域中，以降低风险的策略。这种策略的核心理念是"不要将所有鸡蛋放在一个篮子里"。通过分散投资，投资者可以降低特定行业或地区的风险对整个投资组合的影响。

分散投资可以减少特定股票或行业的风险。当投资组合中的一部分表现不佳时，其他部分可能会表现良好，从而平衡整个投资组合的回报。分散投资还可以帮助投资者在不同的经济环境下获得更好的回报，不同行业和地理区域的经济状况可能会有所不同，投资者通过分散投资可以在不同的市场条件下获得更好的回报。

当然，分散投资要避免过度的分散，这需要根据自己的资金量进行合理的配置，投资股票过度分散与直接投资基金差不多，会失去主动买股票的意义。适当的分散可以降低风险，过度的分散却会降低收益，不如把精力放在几个自己认真研究的行业。

我们可以选择投资不同行业的股票，涵盖金融、科技、能源、消费品等多个领域，这样可以在经济周期的不同阶段分散风险。当然，并不是说同时都配置，我们可以根据经济周期和市场环境进行侧重配置。例如，在经济扩张期间，科技行业可能表现较好，而在经济衰退期间，消费品行业可能更为稳定。

我们可以选择投资不同地理区域的股票，包括国内和国际市场。这样可以降低特定地区的政治、经济或环境风险对投资组合的影响。国际市场的投资，还可以提供更广泛的投资机会和资产配置选择。

另外，除了在标的资产的选择上适当分散，我们还需要在交易时设置止损单。

止损单是一种投资工具，用于在股票价格达到预设的止损位时自动卖出股票。

止损单的目的是限制投资损失，并保护投资者免受价格大幅下跌的影响。当然，这需要我们设置合理的止损位和止盈位。设置止损位时，投资者应考虑个人的风险承受能力、投资目标和市场条件。

一般来说，我们可以根据技术分析指标、股票的历史波动性和支撑位等因素来确定止损位。合理的止损位应使投资者能够快速止损，避免大幅度的损失。

止盈位是指在股票价格达到预设的盈利目标时自动卖出股票。设置止盈位可以帮助我们锁定利润，并避免错失盈利机会。与设置止损位类似，确定合理的止盈位需要考虑我们的风险偏好和市场条件。

前面讲到过执行问题，很大一部分人做不好交易的根源在于执行力差。执行止损策略时，我们必须要有坚持执行纪律的决心，严格按照预设的止损位操作。不要因为情绪或希望价格会反弹而延迟止损，这可能会导致更大的损失。随着股票价格的波动，止损位可能需要进行调整。

投资者应该时刻关注市场情况，根据股票价格的变动和市场趋势适时调整止损位，以保护自己的投资账户。

4.4 建立投资护城河

大家应该会经常听到一个词，叫作**护城河**。我们在投资时需要建立护城河，关于这个理念巴菲特曾经讲过，他认为一个企业最大的护城河就是垄断，选择具备垄断壁垒的公司就是选择宽的护城河。

我们在选择投资标的时，可以侧重自身具备护城河的公司，这一方面来源于其行业地位，另外一方面来源于其技术壁垒。如果一家公司做的业务替代性强，门槛非常低，而且市场渗透力不强，那么这样的公司毫无疑问，几乎是没有护城河的，全靠一身孤勇打天下，相对来说该公司面临的风险性就比较高。

除了寻找自身有护城河的公司，我们还可以为自己的账户建立护城河。最重要的事就是选好买入点，在一家企业低估的时候买入，不要买在"人声鼎沸时"，而应该在"无人问津时"布局。当然，这对于我们的分析能力要求会比较高。

较低的成本本身就是我们账户的护城河，对于投资而言，我们不应该加入情绪主义者的阵营，应该用理性的眼光来发掘市场中的价值所在，为那些闪闪发光的企业投入时间和资金，然后等待时间的玫瑰绽放。

除此之外,我们还可以利用一些其他投资工具来拓宽我们的护城河,比如风险套利,发掘市场中的背离现象,利用合理的工具来打造自己的护城河。

风险套利是一种利用市场价格不合理,或偏离正常价值的情况进行交易的策略。其目标是通过买入被低估的资产并卖出被高估的资产,从中获取利润。常见的风险套利策略包括配对交易和期权套利。

配对交易是指同时买入一个股票或ETF,并卖出另一个相关性较高的股票或ETF。通过这种方式,投资者可以利用两个相关性较高的资产之间的价格差异来获取利润。例如,当两只相关性较高的股票之间的价格差异扩大时,投资者可以卖出较高的股票并买入较低的股票,然后价格差异缩小时获利。

期权套利是通过同时进行多个期权交易来获取利润的策略。投资者可以利用不同期权合约之间的价格差异,或隐含波动率的不对称性进行套利。例如,投资者可以同时买入一种期权合约,并卖出另一种相关性较高的期权合约,以从价格差异或波动率的变动中获利。

风险套利可以利用市场价格的不合理性获得稳定的收益。这种策略通常不受整个市场的影响,因为它依赖于个别资产之间的价格差异。此外,风险套利策略通常具有相对较低的风险暴露,因为投资者在同时进行多个交易时可以对冲部分风险。

但是,风险套利需要对市场价格和相关性变化进行敏锐的观察和准确的判断。如果市场价格不再偏离正常价值，或相关性发生变化，则套利机会可能会减少或消失。此外，风险套利涉及多个交易的同时执行，对交易执行的效率和及时性要求较高。

这看似是投机行为，实际上我们是通过这样的方式来增强我们的**利润垫**，利润垫实质上也是我们的护城河，利润垫越厚，我们的护城河就越宽，容错能力也越强。当然，这样的机会并不多，而且难度也比较大，在实操中需要谨慎，如果确实发现了这样的机会，是没有理由错过的。

在股票交易中，**保险策略**指的是利用期权交易进行投资组合保护的策略。**期权**是一种金融衍生品，它给予投资者在未来特定时间以特定价格买入或卖出一定数量的标的资产的权利。期权是为了对冲风险而诞生的一种投资工具，如果能够善用它，确实可以为我们的账户上一把安全锁。

我们可以购买保护期权，以保护投资组合免受价格下跌的风险。购买保护期权可以设定一个特定的价格，如果标的资产的价格下跌到该价格以下，那么保护期权将获得价值，从而抵消投资组合的损失。

同样，我们可以卖出认购期权来获取收益，并将其作为保险策略的一部分。如果标的资产的价格没有上涨到期权的行权价格以上，认购期权将失去价值，投资者可以通过获得出售期权的收入作为保护。

我们可以根据投资组合的需求和预期市场的走势，选择合适的期权合约，设定适当的行权价格和到期时间，确保理解期权交易的风险和潜在回报，并根据投资目标制定相应的保险策略。

除此之外，最大的护城河是什么呢？我认为，是正确的心态和持续学习的能力。

我们在投资过程中要保持冷静和理性，不受情绪和市场波动的影响。基于事实和数据做出决策，避免盲目跟风，投资是一项长期的过程，我们应具备耐心，并不断关注长期的投资目标。

在此基础上，坚持不断地学习，不断地吸收新的东西，不断地完善和充实自己的投资体系，不断地提升自己的认知，不断地学习和了解股票市场、行业趋势及宏观经济环境的变化，以做出更明智的投资决策。

学习和应用技术分析工具和指标，识别股票价格趋势和买卖信号，以辅助决策。保持学习和积累关于股票交易、风险管理和投资策略的专业知识，不断提升自己的投资能力。以开放之心拥抱世界，世界才能为我们助力。

尽管股票交易中的风险控制策略是关键，但以下几个方面也值得考虑，以便进一步提高我们在股票交易中的成功率，拓宽交易的护城河。

第一，在进行任何投资之前，进行充分的研究和分析是至关重要的。我们应该了解所投资公司的基本面，包括财务状况、盈利能力、竞争优势和团队管理等。同时，技术分析也是一项重要的工具，通过观察股票价格图表、趋势线和交易量等指标，可以帮助我们预测价格的走势。

第二，在进行股票交易之前，明确自己的投资目标和风险承受能力。投资目标包括长期增值、收入增加或风险对冲等。根据投资目标的不同，我们可以制定相应的投资策略和风险控制措施。

第三，密切关注市场动态和投资组合的表现。市场情况可能随时变化，及时了解和适应市场趋势对风险控制至关重要。同时，定期审查投资组合的表现，根据需要进行调整和重新平衡。

第四，要避免过度交易、频繁交易。过度交易是指频繁地买卖股票，通常由情绪和短期市场波动驱动。过度交易会增加交易成本并增加投资风险。我们应该避免过度交易，保持冷静和理性，基于长期投资规划做出决策。

第五，要学会管理情绪和心理影响，避免情绪驱使的决策。贪婪和恐惧是投资中常见的两种情绪，它们可能会导致错误的决策。我们应该时时刻刻保持冷静，不受短期市场波动和噪音的影响，坚守投资策略和风险控制原则。

总之，股票交易中的风险控制是我们取得成功的关键。除了制定资产分散、止损单、风险套利和保险策略等具体措施，我们还应该进行充分的研究和分析、设定合理的投资目标、监控市场和投资组合、避免过度交易及管理情绪和心理影响。综合考虑这些方面，我们可以更好地控制风险，提高投资成功的概率。

需要注意的是，风险控制并不能完全消除投资风险，股票交易仍然存在不可预测的因素和市场波动。我们必须明智选择适合自己的投资策略和合理评估自己的风险承受能力，并时刻关注市场的变化和风险的演变。此外，寻求专业的投资建议和持续学习也是投资者成功的重要因素。

最重要的是，投资者应该理解投资有风险，不同的投资策略和风险控制方法适用于不同的人和市场条件。没有一种万能的风险控制方法，每个投资者需要根据自身情况和目标制定适合自己的策略。

因此，投资者在进行股票交易时应始终保持谨慎和理性，做出明智的决策，并对投资的结果负责。

交易并非易事，而我希望你能够全力以赴，既然做了，就拿出诚意和付出把它做好，机会往往更青睐于努力付出的人。

可能真的不是你没有天赋，只是你还不够努力。

4.5 如何做聪明的投资者

市场很大程度上反映了众生相，用心去看，会发现很有意思。最近经常和一个朋友交流，不算交流吧，算倾听，他是 2023 年 3 月初入市的，不到两个月的时间，正好遇上了"算力"和"AI"的热潮。

和大家分享一下这个朋友的故事,我想他应该代表了大部分投资者的状态,大家可以对号入座一下。

我这个朋友算是具备独立思维的投资者,买入卖出干净利落,不拖泥带水。他在入市的一个月时间里,通过两只股票就将账面收益做到了 40%,趋势的力量确实是值得敬畏的。

他非常兴奋地跟我说,他找到了股市的秘诀,并跟我大谈特谈他发现的规律,交易在他看来好像并不是件很难的事情,因为一个月的时间就能获得 40% 的收益,而且他刚入市,对于交易规则尚且没有弄得很明白。

当然我没有附和,也没有打击他的观点,因为我也走过这样的路,很能理解,我知道一个胜利者是很难听得进别人的意见的。

到了 2023 年 4 月中旬,他开始向我抱怨:股市就是内幕交易,没意思,散户永远不可能搞得赢庄家,注定是被收割的,小资金不可能玩得过大资金,在市场中小资金就像蚂蚁一样,只能被大资金玩弄,他说要把本金提出来,只留下利润在里面玩。这一切只因为在前一周的时间他回吐了 30% 的利润。

我们最后一次交流是 2023 年 6 月,他说决定分仓,决定将资金分成三个部分,分别买入三只股票,问我觉得怎么样。我就问他,为什么你的三只股票同属于一个赛道,这样不是一损俱损,一荣俱荣了吗?那分仓的意义就不明显了呀。

他的理由也很充分,他说他就是要做主流赛道,做趋势加龙头,刚好这三个公司分属于不同细分行业的龙头。我听了以后很替他开心,他开始在失败中迭代自己的投资逻辑。

市场的有趣其实也正是体现在这里,几乎每个人都是多重人格的统一体,只是在别的领域可能体现得并不明显。因为,人都是善于伪装的。通常情况下,更强势的人格会长期占据主要位置。然而,在市场这个离金钱最近的地方,一切都会变得不一样,因为有了强烈的驱使会使弱小者也变得强大,所以人格的矛盾也会淋漓尽致地体现出来。

我们的身体里住着一个胜利者和一个失败者,当然可能还有看热闹的旁观者,他们在我们的身体里进行着博弈并展示力量,所以很多时候交易者并不能分清此时此刻的自己是哪一个自己!

在取得胜利之后,胜利者会欢呼,并持续释放胜利者的信号。在胜利者看来,一切都是尽在掌握之中的,没有什么是自己不能洞察的,做主宰者的感觉很美好,生活乃至周边的一切都是可爱祥和的。

在经历失败之后,我们是悲伤的,会感觉自己很渺小、很可怜。强者会通过自身的力量压倒这一切,利用信息优势、资金优势等操纵市场、收割散户,我们会抱怨市场多么不公,世界多么不公。

道格拉斯曾说:"如果市场的行为让你觉得迷惑,那只是因为你自己的行为是古怪而失调的。当你连自己需要做什么都不知道时,你怎么可能判断出市场的下一步动向?你唯一能够掌控的只有你自己。"

一个优秀的企业经营者是这样的：员工几乎不知道自己的存在，但是企业依旧有条不紊地运行着。而一个优秀的交易者同样应该是这样的：自己在交易这个环节并没有那么重要，重要的是交易体系，交易者应该做的是搭建自己的交易体系，并不断地去补漏洞、升级，就像一个程序员一样，程序写好之后就应该让程序自己去跑，而不是频繁地更改初始代码。交易体系搭建之后，应该让自己逐渐抽离出来，让交易体系市场化。

一个真正的胜利者一定是经历过痛苦煎熬并最终走出来的人，他能够控制自己的情绪，至少不会让情绪破坏自己的交易体系。聪明的交易者会告诉你交易没那么难，并且可能反而是简单的。

因为聪明的交易者已经跨过了交易的第一步，并且建立起自己的交易体系，他们需要做的事就是不断地学习新的知识，并且去修正自己的交易体系。

当情绪不再控制你时，也就是欲望不再控制你时，一切都变得轻松了，也都变得容易了。

一个聪明的交易者一定不是贪婪的，因为他已经知道市场的长期性，只要市场在这里，机会就一定会有，而且一定能够找到更好的机会。

没有什么比建立一套成熟的投资体系更有价值的事，没有什么比学习更有意义的事。学习的核心是长期主义，将时间投入，将精力投入，将自己置后，将系统提前，将学习的成果不断地叠加、升级到自己的系统之中，而赚取收益只是这个过程的最终结果。

将核心注意力放在投资自己上,才是真正的长期主义,专注于培养自己,不断地反思自己的行为和结果之间的偏差。然后,修正自己的行为,不断地克服情绪的干扰,客观地尊重市场。尽管这一切并没有那么容易做到,但是要想成为胜利者,要想做市场的聪明者,就必须下这些"笨"功夫,这是成为一个长期的胜利者必须要经历的。

就像我现在写这本书,输出我的思想,也是一种自我梳理的过程。而你看我的书,看我的思想,也是一个梳理你自己的过程。

尽管知识好像是无聊的、枯燥的,但是静下心来,心与心的对话才能碰撞出火花,相信你能收获的不仅是知识,更是思想层面的重建和提升。

下面,我们将进入专业知识的学习,所有思想层面的搭建,都是为了在学习时能够更好地摄取自己需要的东西。

钱很重要,但是它没有知识重要。

知识很重要,但是它没有思想重要。

希望你能理解我所说的。

第 5 章
初步理解股票交易

- 5.1 你是否真的知道股票是什么
- 5.2 股票的技术指标和重要形态
- 5.3 深刻理解成交量代表什么
- 5.4 选择波段交易还是趋势持股
- 5.5 为什么有些股票整天"在织布"
- 5.6 股价创新高,成交量却越来越低
- 5.7 筹码峰里面居然藏着财富密码
- 5.8 主力和散户的动向在这里

5.1 你是否真的知道股票是什么

股票究竟是什么？它代表了什么含义？我们买卖股票的意义又在哪里？

你是否真的思考过这个问题？如果你能静下心来思考这个问题，就会发现，它和"我是谁"一样有趣，又一样枯燥。

山本耀司曾经说过这样一段话："自己，这个东西是看不见的，撞上一些别的什么，反弹回来，才会了解自己。所以，与很强的东西、可怕的东西、水准很高的东西相碰撞，然后才知道自己是什么，这才是自我。"

我刚开始接触股票时，几乎把全部注意力都放在价格的涨跌上，甚至它是干什么的我都不太清楚，每天都很忙碌地盯盘，也很忙碌地亏钱，好像在这个战场里冲锋就是生命的意义，甚至魂牵梦绕，一刻不看盘就缺乏安全感。

那时候对我来说交易就是交易，交易的意义就是不停地交易。

随着本金的不断减少，随着与一只只股票的频频过招，我才发现，这真是一个"高消费场所"，原来"精神娱乐"是这么好赚钱的生意。

"醒醒吧，少年！在这个充斥着危险和陷阱的战场，你如何能不知道自己在干什么！"

股票是上市公司发行的有价证券，投资者通过购买股票获得公司的股份，同时享受公司发展所带来的红利。我们举一个例子，将一家公司比喻成一个蛋糕，这个蛋糕被均分成 10 份，你买了其中的一份，那么你就是这家公司的股东，持有公司十分之一的股份。

而我们进行股票买卖的市场叫作**二级市场**，二级市场就是流通市场。目前我国 A 股（人民币普通股票）市场有上海证券交易所、深圳证券交易所和北京证券交易所，这些交易所的主要作用就是撮合成交，有点像中介。大家将价格报给交易所，由交易所去匹配买卖双方并促成交易。

二级市场中的 A 股股票代码都是 6 位纯数字，不同代码归属不同的交易所。6 开头的股票属于上海证券交易所，它又分为主板和科创板，60 开头的股票为主板股票，68 开头的股票为科创板股票；4 和 8 开头的股票属于北京证券交易所；0 和 3 开头的股票属于深圳证券交易所，它又分为中小板和创业板，0 开头的股票属于中小板股票，3 开头的股票属于创业板股票。

既然有二级市场，就一定有一级市场，**一级市场**又叫**发行市场**，也是公司的主要融资渠道。公司通过发行股份进行原始融资，这部分资金是公司可以拿来使用的，同时持有这部分股份的人叫作**原始股东**。在公司上市后，这部分股份会逐步解禁，宣布解禁之后就可以卖出套现。

公司的管理层自然希望公司在上市之后，股价能够有不错的表现。一方面，管理层中有很多人都是持有股份的，股价涨高，他们的身价也水涨船高。另一方面，优秀的表现有利于后续发行债券进行再融资，或者进行定向增发再融资。

作为投资者，一方面可以投资公司发展，赚取发展所带来的股价价差；另一方面，可以持有股票并赚取公司分红，有的红利股每年的分红是相当可观的。在这个市场并没有绝对的长线或短线，我们讲的长线和价投，都是基于一定的市场环境和周期而言的，在价值低估时买入，在价值高估时卖出。

如果大家都很看好某家公司，那么大家都会愿意出高价来持有它的股份，股价自然会水涨船高。供给是一定的，当需求增加，供给无法满足需求时必然会涨价。同理，当大家都不看好这家公司时，大家就会想要卖出它的股票，这个时候供给依然不变，但是需求减少了。当需求小于供给时，就只能通过降价来刺激需求，股价就会被打压下来。

这就是股价短期波动的根本原因，即供求发生了变化，而这种变化多数都是非理性的，都是投机性的，我们又称其为情绪波动。大家不会用脑子决定，而是以情绪为导向，毕竟群体情绪是极具感染力的。

情绪在很多时候会成为有心者的武器，持有公司股票的人会制造情绪来吸引投资者涌入以抬高价格，方便自己高价卖出。他们会利用各种媒体手段鼓吹公司如何好，会通过媒体释放各种利好，以迷惑投资者。现在发达的媒体缩小了我们的信息差，但是同时也放大了市场情绪，所以我们经常会看到"一边倒"的情况。

多数投资者都是这种情绪的"帮凶"，在里面贡献了自己的力量才合成了这洪荒之力。但是我们要明白，我们买股票其实就是买公司的未来，买公司的价值，我们是为价值投资，而不是为情绪消费。

尤其是原来的证券发行核准制全面转换为证券发行注册制之后，证券的发行和退市都更加市场化，资金的定价权更高了，这个时候价值应该是更加凸显的。但是我说的是"应该"啊，短期内不一定会有明显的改变，因为惯性存在，所以情绪的暴利时代并没有终结。如果能够在短期内赚到更多的钱，那么谁愿意守着岁月静好呢！

独立的思想很重要，我们要拒绝沦为情绪的奴隶和"帮凶"，只有通过不断地学习来换取思想的独立，才能做到投资的独立。

巴菲特告诉我们，在别人疯狂时我们冷静，在别人悲观时我们积极，我们身在市场，就注定与市场先生为伴，但是多数时候我们需要忽视这位市场先生，做特立独行者，从而发现价值，并且在价值低估时买入，当然这并非易事，而且远比你想象的要难得多。

所以股票不仅仅是股票，它同时包含了市场情绪和公司价值。我们既要站在市场外，又要处于市场中，是不是读起来就已经很拗口了。何为"站在市场外，又处于市场中"呢？

就是说，我们要立足于市场来获取数据，但是同时要脱离市场来做出判断。脱离市场能够让我们保持客观，而客观是我们理性判断的必要环境，只有这样，我们才能够判断一家公司当下的股价是否被高估。

一个优秀的投资者或交易者一定是足够冷静的，他知道什么时候买入可以承担更小的风险，什么时候的价格是合理的。如果没有自己的标准，则可以按照我们后面讲到的指标进行分析。指标是情绪的量化，我们可以通过指标来分析市场情绪的周期，以此辅助自己的决策。

既然一个股票代码背后是一家公司，那么公司所有的经营风险都会成为我们购买它的风险，包括管理层违规挪用资金后跑路，经营不善业绩大幅下滑，同行竞争挤占市场，转型失败，等等。

同时，我们还可能面临宏观经济带来的风险，经济不景气给企业带来的困境。比如，因为宏观经济不好，导致需求减弱，需求减弱蔓延到供给端，又导致供给过剩，这时候企业就要降库存，生产也要降速，同时在降库存的过程中盈利也会衰减。

此外，还有流动性风险，如果你刚好买入了一只夕阳产业的股票，而你全然不知，极少的投资者参与其中，每天的走势图就跟"织布机"一样，那么你可能会无法卖出，因为没有买家愿意接盘。虽然理论上市场永远不缺少买家和卖家，但是有些时候确实很难派发股票，最后只能眼睁睁蒙受损失。

你购买一只股票，看似是你持有了一串数字，但是实际上你既买了一家企业的机会，又买了一家企业的风险。所以，请慎重做出你的选择，谨慎交换筹码，想清楚你在做什么，你的目的是什么，这很有必要。

5.2 股票的技术指标和重要形态

5.2.1 技术指标

技术面相对于基本面来说，上手比较快，你在看完之后能快速配合盘面给投资打辅助。技术指标五花八门，比较通用的指标有三个：均线、压力线和支撑线。

1. 均线

均线代表交易日成本，每条均线都代表着不同交易日的成本。

均线是最简单的趋势线，做股票，特别是价值投资，非常重要的一点就是观察趋势，看其是向上、震荡还是向下。有了均线以后，不必再刻意画趋势线，每一根 K 线的位置，都会有一条均线对其形成支撑和压力。

有了趋势判断以后，我们可以根据趋势做买卖，当有向上的趋势时想办法买入，当有向下的趋势时想办法止损。

买点的三个要点是，股价站在趋势线上，且趋势线向上，靠近趋势线买入。相反，卖点的三个要点是，股价在趋势线下，且趋势线向下，靠近趋势线卖出。

下面来看一个案例。图 5-1 是 2015 年上证指数的日线图，图中有 5 日均线、20 日均线、60 日均线，做短线的人经常看 5 日均线。5 日均线代表一周的交易时间，20 日均线代表一个月的交易时间，60日均线代表一个季度的交易时间，120日均线代表半年的交易时间，250日均线代表一年的交易时间。

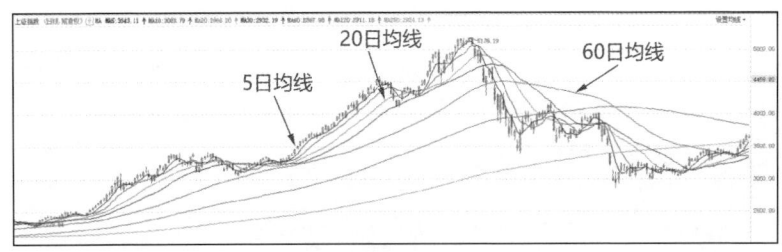

图 5-1

我们先选取一条均线，根据前面的买卖三要点来进行讲解。比如，5日均线的波动会敏感一些，因为5日均线代表5个交易日内交易者买的平均成本。它的波动很灵敏，建议在均线向上、股价站在均线上并靠近均线的时候买入。

如图 5-2 所示，标注箭头的那一段每一天的 K 线图都靠近 5 日均线，同时 5 日均线趋势向上，股价一直在 5 日均线之上，这一段是从大盘 3000 点开始一直涨到 4500 点。也就是说，这一段完全符合买入要求，在这两个月的时间里每天都能买，而且从指数来看，每天都是买点。

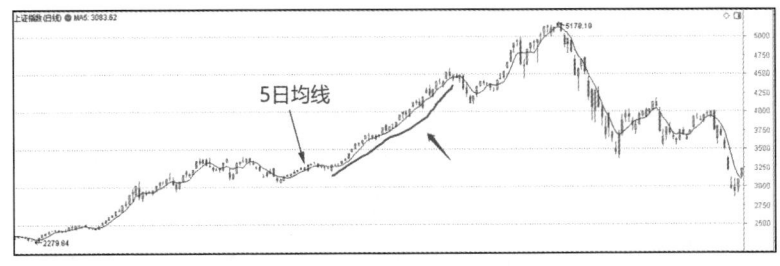

图 5-2

5 日均线从 5178 点开始方向向下，股价贴着 5 日均线向下，当时股灾的两个月每天都是卖点，5 日均线对短线行情的反应很灵敏，参考 5 日均线可以有效避开下跌。但是，也可能因此在股价稍微反弹时又错误买入，从而增加一定的错误率。此时，我们需要通过多次小的试错来博取一次大的成功，并且对于资金量不大的人来说，交易手续费会多一些。

我们再来看 20 日均线，相比 5 日均线会平缓许多，也就是波动较少。如图 5-3 所示，按照我们的要求，20 日均线要向上，在 2400 点的时候 20 日均线开始向上，当股价站在 20 日均线之上并靠近 20 日均线时买入，也就是在第一个买入点 2400 点处买入。

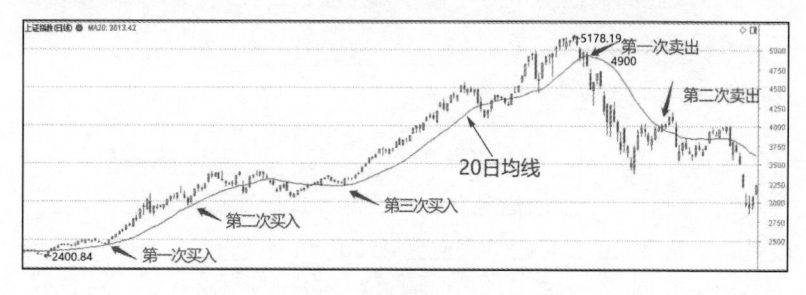

图 5-3

我们看第二个买入点是股价再次靠近 20 日均线时，第三个买入点是大盘指数来到 3000 点左右开始震荡时，这个时候不知道未来指数是向上还是向下，要持股不动。如果向下则卖出，如果向上拐头，则表示趋势来了，需要重新买入，一直持有到大盘指数为 4900 点的时候卖出。如果在这里没有把握住机会卖出，那么还有一次机会在 4000 点附近，虽然有一次反弹，但是 20 日均线向下，依然可以卖出。

再给大家看一下 60 日均线，如图 5-4 所示，这条均线比较简单，波动更小，买入点和 20 日均线差不多，都是在 2400 点处买入，买入以后发现没有卖出的位置，一直都是趋势向上，持有到 4500 点，即趋势开始向下时卖出。中间有两次加仓的位置，即在 3000 点和靠近 3200 点的位置，所有用 60 日均线的人如果在 2014 年 10 月买入，就可以一直持有到 2015 年 7 月。

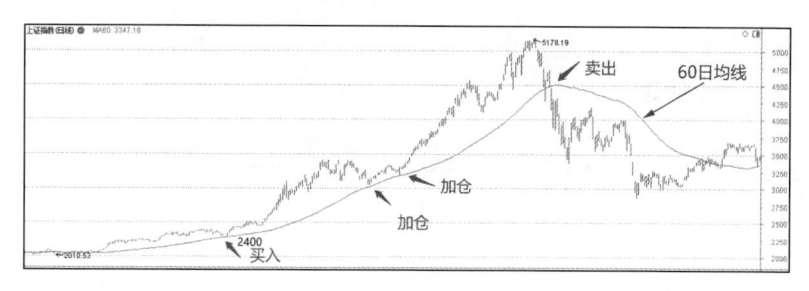

图 5-4

其他均线也是如此，大家要牢记买卖要点：每条均线都有它的优缺点，买入卖出的位置也各不相同，要根据自己的性格来选择，不要想着全都要。

均线系统我们总结了十个字："线上阴线买，线下阳线卖"。

比如 5 日均线，回看一下，当 5 日均线趋势向上的时候，"线上阴线买"，任何一个靠近它的阴线都是买入点；当 5 日均线向下的时候，"线下阳线卖"，任何一个反弹的阳线都是卖出点。趋势向上的时候，回撤的每一根阴线都需要积极买入；趋势向下的时候，每一跟阳线都应该积极卖出。

还是那句话，"线上阴线买，线下阳线卖"。

2. 压力位和支撑位

压力支撑指标是技术指标的一大门类，它通过对股价运行中形成的压力和支撑对未来趋势进行研判，常用的指标有布林线（BOLL）等。压力支撑的核心是对趋势、压力位和支撑位的把握。

压力和支撑在趋势之中，而趋势是很容易看出来的，分为上升趋势、水平趋势和下降趋势，在趋势中压力位和支撑位随着时间和价格而变化。

一般压力位或支撑位就是前面的拐点，准确地说，是一个拐点形成一个较大或较小的支撑位或者压力位。

如图 5-5 所示，支撑位在被股价击穿之后会转换为压力位，而压力位在被股价突破后会转换为支撑位。

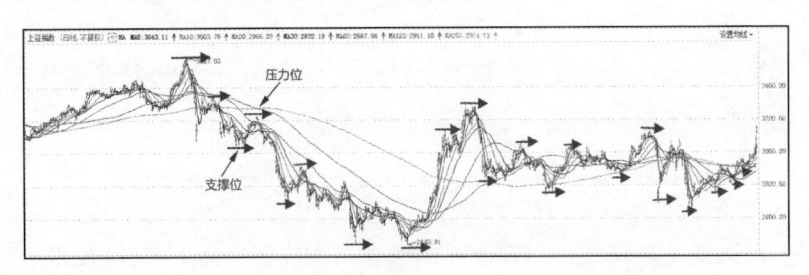

图 5-5

如图 5-6 所示，从 K 线的走势可以明显地看到，支撑位在一步一个台阶地逐步抬高。在这个过程中，压力位和支撑位之间也在不停地转换，压力位逐步转换为支撑位。

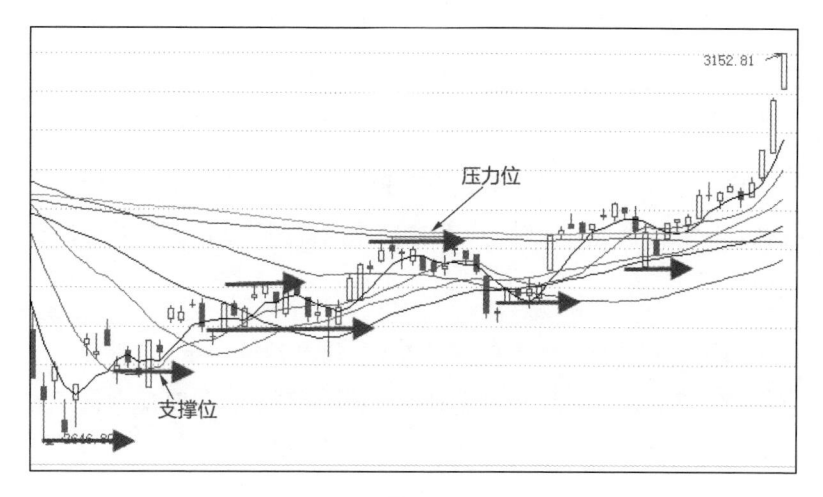

图 5-6

另外，不管是上升趋势还是下降趋势，这种趋势越长越难扭转。

5.2.2 重要形态

以图 5-7 为例，股价在运行过程中会呈现快速拉升、快速下跌、缓涨等不同的形态，接下来，我们介绍几种主要形态。

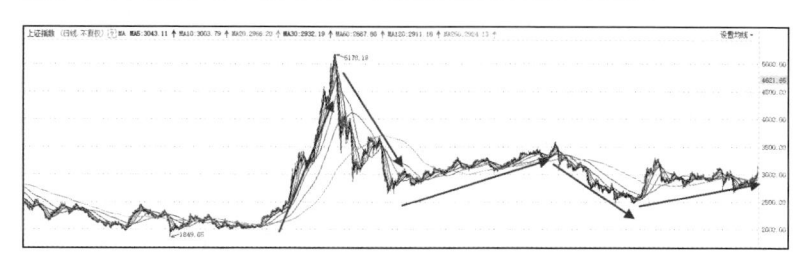

图 5-7

（1）"缓缓上升型"，是底部大涨前的形态。这是一组向上倾斜的小 K 线，一般不少于 5 根 K 线，以小阳线居多，其中也会夹杂一些小阴线。在缓缓上升的过程中阳线要明显大于阴线。

这种不起眼的小幅上升的 K 线组合，就像冉冉上升的旭日，往往是大涨的前兆。同时，如果成交量能温和地、渐渐放量地配合则会更好。

如图 5-8 所示，价格在底部横盘一段时间后，开始缓步上升，方框中有 7 根阳线，只有两根阴线。下面的成交量也是配合价格的上升而逐步地放大，并且一步一个台阶不断地向上。

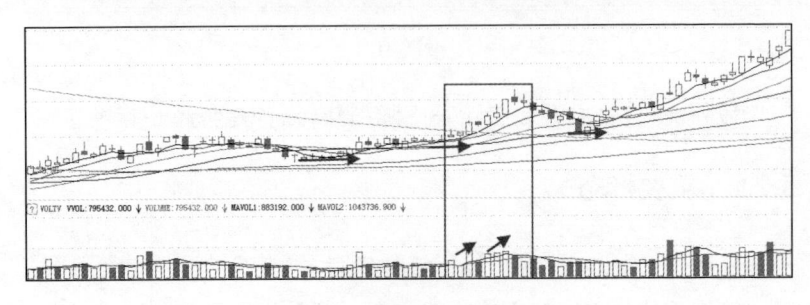

图 5-8

再给大家看一个例子，如图 5-9 所示，K 线的形态明显属于缓缓上升的趋势，从 K 线来看，大部分都是阳线，其中夹杂着少量的阴线，并且成交量也在缓步地上升。

如果看到这种形态的股票，一般可以逢阴线低吸或者等待大阳线突破前期的压力位再买入，都是不错的操作策略。

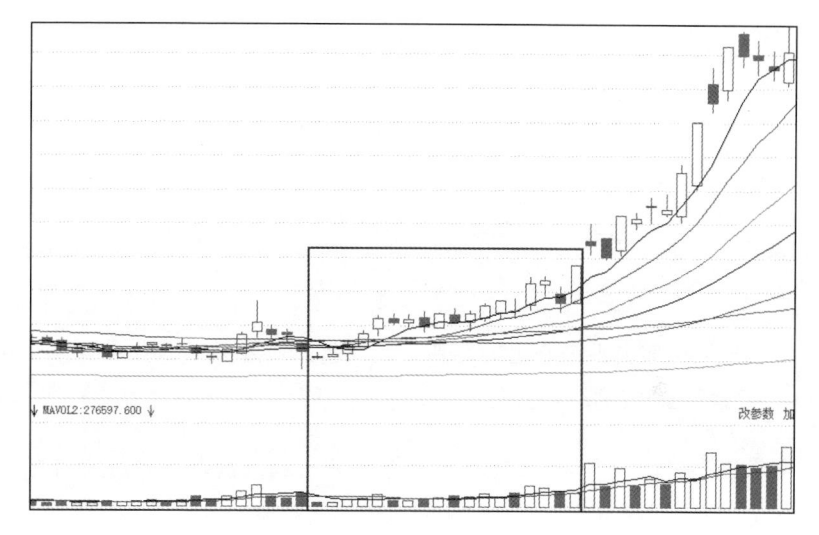

图 5-9

（2）"**假三鸦形态**"，是洗盘、洗筹码时必有的形态。

"三只乌鸦"指顶部出现三根中阴线，这是强烈下跌的形态。在交易日中，主力往往在上涨中段利用这一形态洗盘，即清洗一些不坚定的技术派投资者，在遇到"假三鸦形态"的时候要注意观察，避免被洗出去。

我们在分析"假三鸦形态"的时候，首先要研判原有趋势是否跌破重要支撑位，一旦被清洗出局，发现后要立刻重新接回筹码。

我们先看第一个案例，图 5-10 中反复出现"三只乌鸦"，但其实并没有真正跌破上升的重要支撑位，同时迅速萎缩，显示空方后续动能不足，此时可以卖的机会越来越少了，主力也舍不得卖。

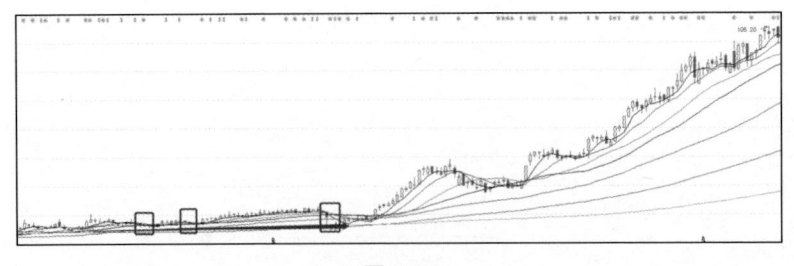

图 5-10

如果我们失手被洗出局，那么在反包三鸦线后第一根阴线的时候，要毫不犹豫地接回筹码，因为之后很可能会是真正的主升浪行情。

三鸦线对心理考验比较大，如果看到三鸦线没有击穿前期的支撑线，就可以坚守住，不要动。如果卖出了，那么当价格再向上涨，并且反包之前三鸦线的第一根阴线时，要勇敢地接回来，即使成本会比原有的成本高出 5% 也要敢于出手。

我们再看第二个案例，如图 5-11 所示，出现两次的三鸦线都属于假三鸦，第三根阴线接近破位，但都止于支撑位之上。这种情况下如果我们选择卖出，就需要在三鸦线后的阳线位置进行纠错，重新买回来。

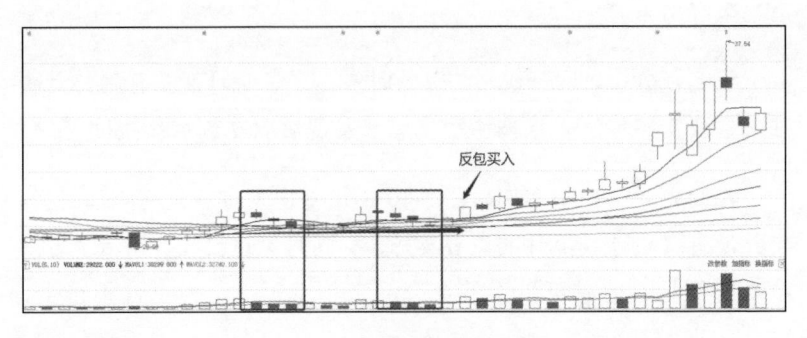

图 5-11

而且从图 5-11 中也能看出，假三鸦线的成交量并不大，尤其是第二次的假三鸦线比之前的假三鸦线更小。大家如果在自己的股票中遇到这样的形态，就要仔细观察支撑线和成交量，假三鸦线是一种经典的洗盘、洗筹码的必有形态。

（3）**"绵绵阴跌型"**，是股价在经历较大的上涨之后，经过一段时间横盘，出现的一组向下倾斜的小 K 线（一般不少于 7 根）。其中以小阴线居多，夹杂一些小阳线。这种看似每天跌幅不大的 K 线走势，犹如绵绵阴雨下个不停，反映出后市走势极不乐观，股价有长期走弱的可能。

如图 5-12 所示，股价在经历上涨后回落，形成绵绵阴跌的走势，构筑经典的"M"头，此后股价继续走低。我们还能看到，在阴跌的时候成交量也很小。在 K 线图方框中的位置几乎以阴线为主，在这个案例中，我们也可以看到原来的支撑线逐步地被股价打穿转换为压力线。

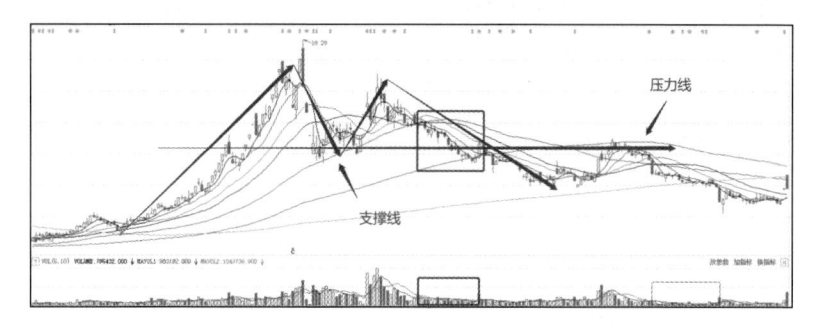

图 5-12

再看一个案例。如图 5-13 所示，同样是以阴线为主，阴线中间夹着少数阳线，总体趋弱态势明显。要特别注意的是，这个过程并不一定要放量下跌，阴跌走势中缩量，说明买方的态度很消极，这种情况往往更可怕。

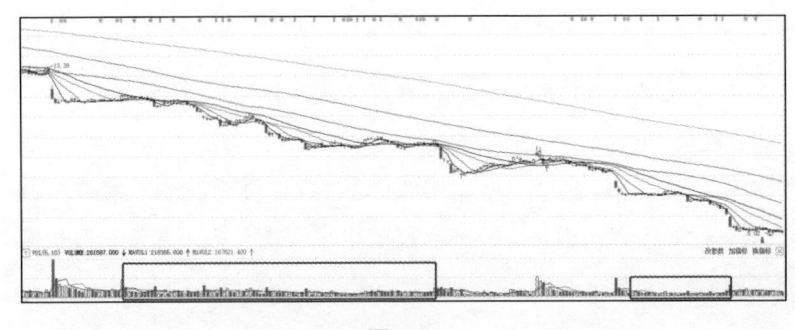

图 5-13

在阴跌的过程中我们最怕出现无量下跌，因为这说明不是没有人卖，而是没有人买。

如果在图形中发现有这样的走势，一定要择机卖出去，方法可以按照上面的均线策略来卖出。

5.3　深刻理解成交量代表什么

技术分析的核心之一就是**量价**。量，指成交量；价，指市场价格。

在学习量价之前，我们要了解什么是成交量，成交量是指当天成交的股票总手数。我们在分析成交量的时候一定要结合价格来看，一只股票分别在高位和低位时，同样的成交量，其反映的含义是不同的。量价中的"量"和"价"是要一起看的，有的人说"量在价先"，有的人说"价在量先"，这些都不重要，重要的是要明白什么是成交量。

经常听到有人说，"今天这只股票放量了""今天这个市场的量很大"，其实这不是指成交量，而是指今天这个市场很活跃，今天这只股票很活跃，即换手率很高。

因此，成交量的本质是换手率。

我们通过一个例子来说明：

有一只市价100元和一只市价1元的股票，两只股票的流通股都是1亿股，而且在一天中都成交了1万股。市价100元的股票成交1万股，成交金额是100万元；市价1元的股票成交1万股，成交金额是1万元，很显然市价100元的股票成交量金额更大。

上述例子中，两只股票虽然成交金额不同，但是其意义是相同的，因为都是一亿流通股里面成交了1万股，即都成交了0.01%的股份，从整体来看是一样的。如果以后听到有人说，今天的成交量有多高，则想要表达的是今天市场的活跃度有多高，这就是成交量的意义。

我们关注成交量的大小，更多的是关注短期内多空分歧的大小，换句话说，就是看多的人和看空的人有多少，但是这并不能作为判断股价涨跌的直接依据。更好的方式是观察看多的人和看空的人，谁的力量更大，跟随力量更大的一方，顺势交易。比如，一只股票当天的成交量很大，说明当天有很多人买入，同时有很多人卖出，说明多空分歧很大，所以成交量本身代表分歧的含义。

对大量的投资者来说，通常是成交量忽然放大就会忍不住跟风买入，这是不对的。正确的做法是，当成交量放大时，先观察，成交量放大说明有巨大的分歧，我们要等到分歧中占领优势的那一方胜出时，才顺势而入，跟随胜出的那一方。多方胜出，则买入；空方胜出，则卖出。

静而后动，猎豹在对猎物发起攻击时，都是先匍匐，等待机会，我们在买入股票时也是一样的，需要先"匍匐观察"，等待机会。

如图 5-14 所示，大盘指数从 2005 年的 998 点一直到 2016 年的 2638 点，这十余年的上证指数日线图有几个数字，同样都是底部，但它们的成交量是不断递增的，因为市场在不断地变大。2005 年，大盘指数在 998 点的时候，流通市值大概只有一万多亿元；2008 年，大盘指数在 1664 点的时候，流通市值已经达到 4.4 万亿元；2013 年，大盘指数在 1849 点的时候，流通市值已经达到 19.8 万亿元；2016 年，大盘指数在 2638 点的时候，流通市值已经达到三四十万亿元；2022 年的流通市值已经达到 66 万亿元。

这些数值代表着换手率，换手率才是我们表达成交量最重要的含义，分歧、意愿、换手率，这些是我们用技术来判断市场的非常重要的概念。

图 5-14

以上都是从时间的维度综合来看的，比如，2022 年的日均成交量是 9251 亿元，相当于成交了 1.4%的股份，而 2016 年的日均成交量是 5184 亿元，相当于成交了 1.3%的股份。虽然 2022 年的日均成交量几乎是 2016 年的两倍，但这并不能说明交易活跃了很多。

但是如果 2022 年 12 月 13 日的成交量是 9251 亿元，12 月 12 日的成交量是 5184 亿元，那么相对来说 12 月 13 日的成交量就是放大了，交易活跃度提升了。

再看一个案例，如图 5-15 所示，这只股票上市后连续一字涨停，在打开涨停板的那一天，换手率是 47.76%，相当于这一天有接近一半的股票被买卖。

我们再看打开涨停板这一天的 K 线图，是一根光头阴线，而且换手率很大，看下面的绿柱也很大，说明这一天成交量放大了。这个时候该怎么做呢？答案是——观察。

要等多空双方其中的一方胜出，涨停板打开的次一交易日股票低开高走，收出一根涨停的大阳线，这样我们就明白了，在打开涨停后的第一天换手率高达 47.76%的情况下，多方胜利了，之后的走势我们能看到股价不断地上涨。所以，成交量放大之后我们要先观察，确定哪一方胜利后，再跟随盘面强势的那一方，顺势而为。

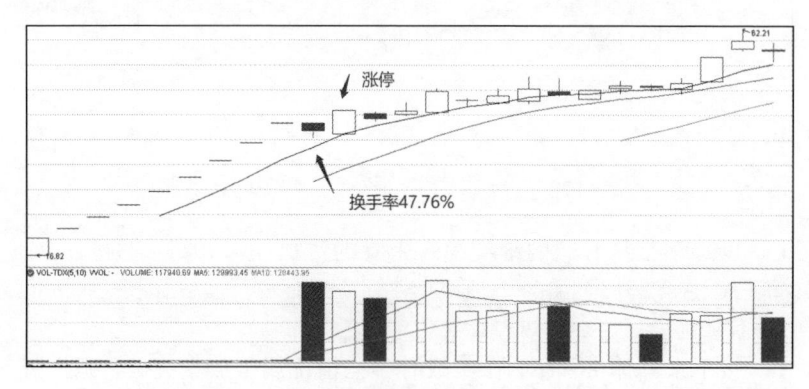

图 5-15

再来看一只大家闻之色变的股票，如图 5-16 所示，典型的反例——中国石油。

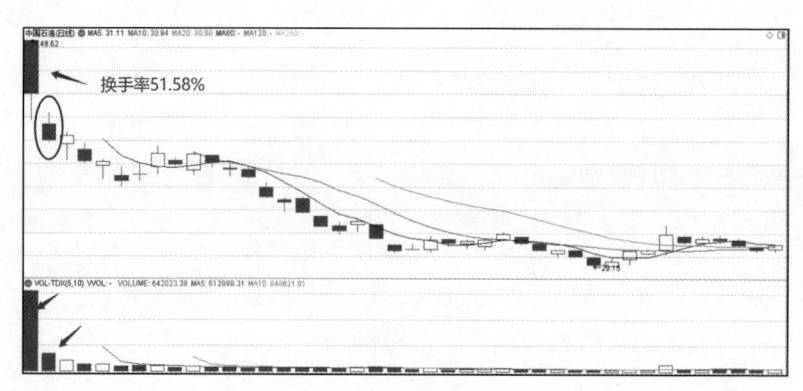

图 5-16

这是中国石油上市以后的股价走势图，中国石油上市的第一天，换手率为51.58%，它上市的时候有30亿股流通，也就是说，当天有超过15亿股被卖给了"接盘侠"，我们在看到这么大的成交量时，不知道后市该如何走，首先要做的就是观察。

第一天是一根大阴线，第二天低开，把前一天50%的人全部套牢，这说明空方获胜。结论就是，我们应该跑路，及时止损，这就是顺势而为。

我们要学会分析成交量指标，在放量之后先观察，再做出选择。

接下来具体讲一下，在实战时哪些情况属于放量突破，哪些情况属于主力诱多出货。

放量突破是指股价长时间在某一价位平台下方运行，之后放量突破该价位平台。比如，股价在12元附近震荡形成一个平台，随后的一段时间股价一直在12元以下运行，这时12元一带就会累积大量被套的资金，随后股价放量，突破12元平台。

放量突破后，股价就形成向上趋势。

放量突破要满足以下三点。

第一，要经过长期横盘。横盘状态至少持续30个交易日（越长越好），在此期间股价波动一般不大于20%，如果有"凹洞量"配合更好。

凹洞量，就是这 30 个交易日的成交量，刚开始成交量柱比较长，中间成交量柱比较短，后面成交量柱又变长，形成一个"碗底"U 形状。

第二，要突破前期平台。突破时成交量必须大于前期平台任何单日成交量的两倍以上，越高越好。在突破时，如果有缺口，则能够把缺口也突破就更好。有些投资者在看待放量突破的成交量时，可能不知道该如何确定，理论上说，放量是指单日的一根成交量柱突破了前期的平台（前面一段时间长度相似的成交量柱组成的平台）。

第三，要有向上趋势。正常突破后成交量应进入温和放量状态，如果突破以后再度放量，则要谨慎。因为放量代表着分歧，如果在分歧之后突破，而后还有分歧，那么就要防止假突破。

如图 5-17 所示，横盘的时间足够长，在横盘过程中有三次凹洞量出现，并且在放量突破的第一天，成交量大于前期平台期间任何一天成交量的两倍，这就是**放量突破**。

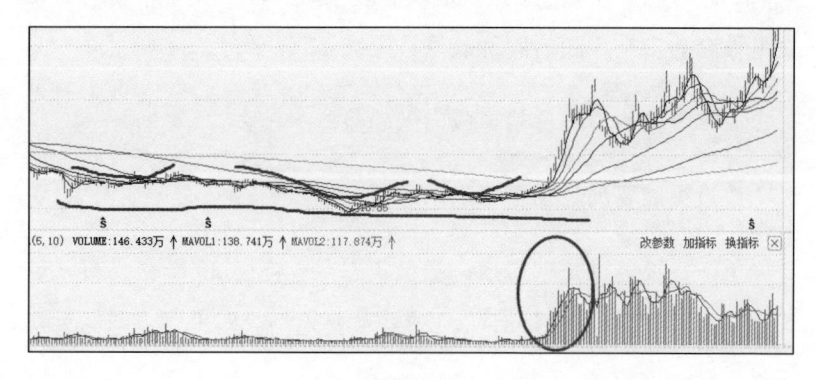

图 5-17

在突破平台之后，成交量没有再回落到平台，之后迎来一轮上涨，而且在上涨的过程中，成交量维持比较温和的放量。也就是说，这段时间的成交量比之前横盘时的成交量要大，但是比放量突破那一天要小，这就是**温和放量**。

因此，放量突破的那一天非常重要，如果后面再现巨量，我们就要小心观察，在观察之后跟随胜出的一方，顺势而为。

总结一下就是，在放量突破的当天，压力位被突破，也就是当天想买入的那群人合力把想卖出的人抛出的筹码全部买入。如果第二天继续放量，则大概率意味着买入的那群人赚点钱就想卖出了，这时我们要提高警惕。

放量意味着又换了新的一批买家，这新的一批买家又是一个"定时炸弹"，指不定明天又"砸盘"，如果没有人承接，则股价可能就会掉下去。

温和放量就是放量突破那天进场的买家，多数都是买了就拿着，短期不卖出，这样卖出的人就少了，后市更容易拉升。

这让人联想到房价，如果一个小区有 1000 套房挂盘，有 999 个人都想要快点卖出去，那么房价怎么能上涨呢？卖房者要做的是，使大多数人觉得现在该小区的房价还处于低位，卖的人很少。由于物以稀为贵，所以房价会继续上涨。

再看一个例子，如图 5-18 所示，同样是平台横盘，在横盘期间有凹洞量的配合，在几个一字板涨停之后成交量呈倍数放大，并且是之前成交量的两倍以上，放巨量之后是温和放量，股价随后在震荡中继续上涨。

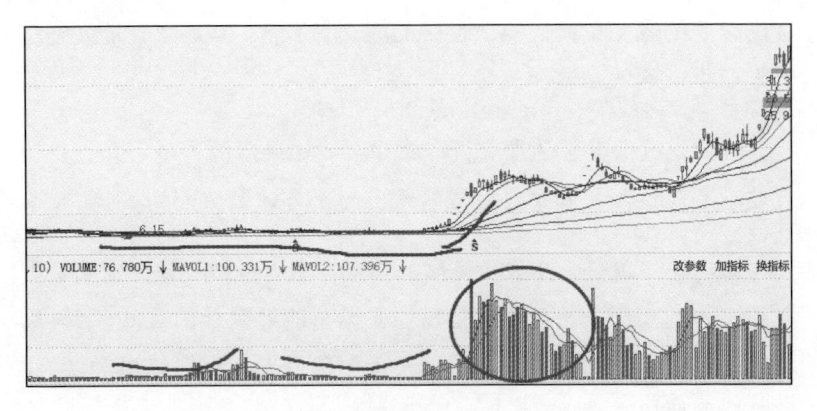

图 5-18

关于量价，有一种交易现象叫作**量价背离**，是指股价在经历大幅上扬后，成交量开始缓慢萎缩，而此时股价继续上扬或横向盘整。这种情况往往就是趋势将要出现转变的前兆，也就是**诱多**（指庄家有意制造股价上涨的假象，诱使投资者买入）。

判断量价背离要注意三个要点。

第一，此阶段阳线逐步减少，阴线逐渐增多，也就是看空卖出的人开始慢慢多起来，这时要保持耐心，仔细观察。

第二，此阶段偶尔会出现单根放量大阳线，但往往没有持续性，多为主力诱多行为。

第三，高位量价背离的核心是主力诱多和出货，有时候时间会很长，大家要保持足够的耐心。

在如图 5-19 所示的股票走势中，首先是横盘建仓，然后放量突破，接着开始温和放量进行拉升，之后在高位横向震荡。我们看这个走势中高位横向震荡的几个特点：阴阳线的比例开始失调，在上升的过程中都是阳线；而在高位横盘震荡的派发区，阳线和阴线几乎各占一半，再看下方圈出来的成交量，成交量和之前相比明显萎缩。

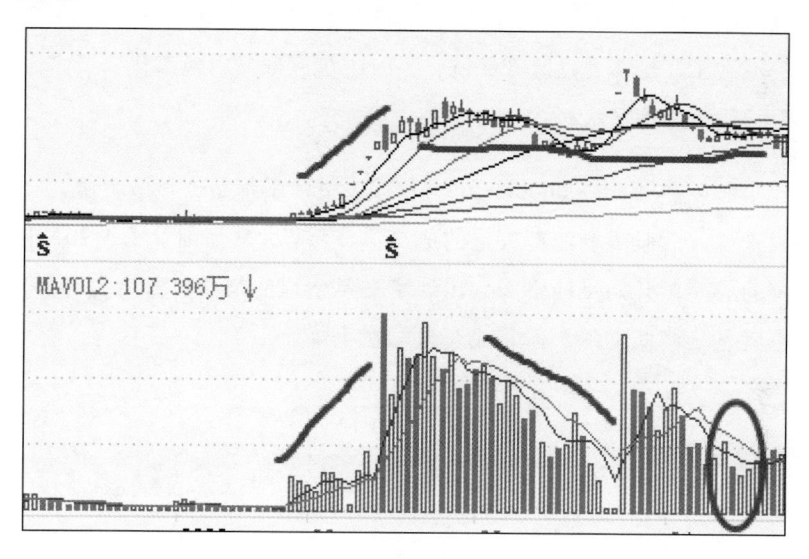

图 5-19

股价虽然仍然在高位横盘，但是成交量在缩小，这就是**价平量缩**（价格没怎么变，成交量变少了）。在量价背离的过程中，我们会发现中间依然夹杂着一些大阳线，但在大阳线之后马上出现了较长的阴线，这就是诱多。

当我们发现这种迹象时不要着急，在高位横盘震荡派发的时候出现量价背离,"出逃"的时间往往是很充足的。

再给大家举一个特殊的量价背离的例子。如图 5-20 所示,2005—2007 年的牛市,大盘指数从 1000 点涨到 6124 点,其中出现了有名的"530 行情":5 月 30 日印花税从原来的 0.1%上调至 0.3%,大盘"千股跌停",短期跌幅达 15%以上,个股普遍跌幅达 30%以上。在"530 行情"之后,市场风格开始切换,一些"垃圾"小盘股不涨了,蓝筹大盘股开始涨,当时中国联通、中国石化以及多个银行股等出现了大幅的上涨。

所以在 4000～6000 点这一段行情里几乎都是大盘股上涨,一般来说大盘股需要消耗大量的成交量,但是大家仔细看图 5-20:下方的成交量开始不断下降,出现了非常明显的与指数背离的走势,也就是价格在上涨,但是成交量却在下降。

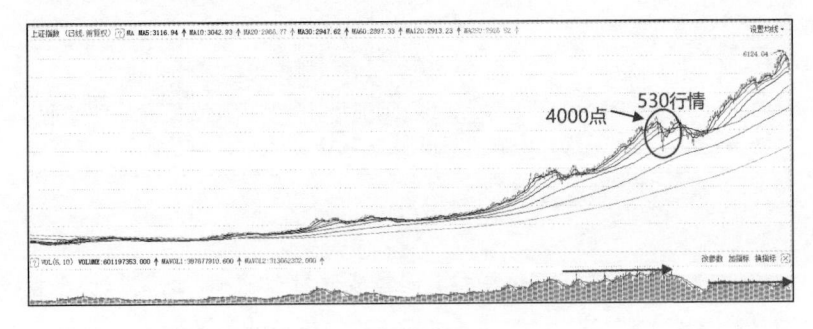

图 5-20

而这段背离走势中间大盘指数相隔了 2000 点,有整整半年时间的背离,大量股票在这 2000 点中并不赚钱,甚至还有一定的跌幅,只有 10%～20%的股票价格继续上扬。

举这个例子是想告诉大家,有时候市场需要很长的时间来做背离,只要我们看对了,大盘指数不管是在 4000 点、5000 点还是 6000 点,此时跑路都可以。

结局大家也都知道,2008 年大盘指数跌到 1664 点,关键是背离这个区间我们要果断做出抉择,而不是总妄想去找到最高点。

5.4　选择波段交易还是趋势持股

我一直认为做股票就像创业,因此做股票理应具有创业思维,只是周期比创业短,资金的使用效率较实体创业而言会更高。创业至少需要两点品质:专注和以长期主义思维出发的坚持。

如果你没有长期发展的格局,只是拥有三天热度,那么创业很难成功。如果你不能聚焦一个行业稳扎稳打,什么都想插一脚,那么创业很难成功。

对于投资而言,也是同样的道理,市场中有几千只股票,如果每一只你都要关注,关注得过来吗?如果每一家都要去投资,投资得过来吗?

道理很简单,我们需要聚焦在自己的能力圈之内,不要贪多,建一个自选股票池,将自己喜欢的股票装进去,认真做好自选池里面的股票就好了。

我有一个自选股票池，里面是我看好的股票，一般数量会在 20 只左右，这是我会去寻找交易机会的池子。同时我会建立一些我比较感兴趣的行业的池子，里面是几只行业龙头公司，主要目的是用来观察。

如果我觉得某只股票合适了，那么它就会进入我的操作股票池，当然这也意味着会有股票从操作池里被踢出，因为我不允许可供选择的股票太多，准确地说，是我的精力不允许。

有一种交易手法叫作**波段交易**，是指在震荡行情时不断地做高抛低吸，利用短期波动来做差价，可以说波段交易将情绪价值利用到了极致。

波段交易者代表了市场中的超短线玩家，不管他们是钻了情绪的空子也好，还是善用情绪为武器也罢，他们确实破坏了市场本该有的秩序，也破坏了投资风气，比如，现在的量化交易就是波段交易的代表。

通常来说波段交易者是利用自身的资金优势和市场舆论导向来实现低买高卖的，他们的注意力很少放在公司背后的价值上。当然，具备价值的公司肯定更加容易实现波段交易，因为市场辨识度更高，这样就更容易形成市场合力。

注意，这样的短线会破坏市场本来的节奏。比如，一只有价值的股票，可能正常估值为 30 元，现在市价为 20 元，随后在短时间内股价迅速被拉升到 35 元。波段交易者的进场会使股价迅速脱离价值区，甚至出现高估。这时候价值投资者也需要离场，因为迅速拉升之后，短线资金撤退可能会导致股价迅速回调，波段交易者的一个显著特点就是助涨助跌。

但是"存在即合理"，你要么对其敬而远之，不参与其中，要么就成为其中的一分子。

市场中也有一部分忠实的价值投资者，比如巴菲特，绝对算是其中的代表，15年前（2008年）他就买入了比亚迪，那时比亚迪港股的面值才8港元，直到2022年，巴菲特才开始减持。巴菲特是真正的时间的朋友，当然时间也确实没有辜负他，给了他超20倍的收益。

对普通人而言，极少能做到像巴菲特这样坚定持股数十年，而且环境好像也不太允许，在几轮沉浮中可能公司已经被市场淘汰了。现实证明，这样的长期投资注定属于少部分人，也只属于少部分公司。

但是我们就要因此放弃价值投资吗？当然没那么极端，这个市场并非都是非此即彼的选择题，而是多元的，它足以承载风格各异的投资者。

我们完全可以在市场低估时买入一只股票，持有一年甚至两年，基钦周期是比较适合大部分投资者的持股周期。我们可以在这个过程中去感受时间的玫瑰（坚守时间，静待花开）。

因此，选择短线波段交易和长线价值投资，并没有绝对的好与不好，当然在证券发行注册制实行之后情况可能会有些不一样，马太效应会越发明显,从而加速上市和退市的进程,我们的交易市场可能会变成强者恒强的市场。

做短线波段交易还是坚持长线价值投资,主要还是取决于你自身,短线对技术的要求肯定是更加苛刻的,如果你不具备敏锐的市场觉察力、感知力、超强的自律性、超强的心理承受能力、快速坚决的决策能力和执行能力,那么建议你远离短线交易。

没有金刚钻,就别揽瓷器活儿。理性一点,在能力圈内赚能赚的钱,暴利的欲望背后不是金山,而是毁灭。

5.5 为什么有些股票整天"在织布"

在经济学中,市场的波动主要是由供求关系发生变化所引起的,市场是动态平衡的,价格受到供求关系的影响而围绕价值上下波动。当供给大于需求时,价格就会受到打压,因为这时候卖家多,属于买方市场,买方具有更多的议价权。当供给小于需求时,价格会被抬高,因为这时候买家多,卖家少,属于卖方市场,卖方掌握定价权。

同理,在二级投资市场,不管是交易股票还是合约(期权交易和期货交易都属于合约交易),都会受到供需的影响。

价格在短期内受到供需的影响会出现较大幅度的波动，长期来看价格终究会回归价值，短线的供需反映到市场就是情绪，不值钱的、不赚钱的股票在情绪冷却之后就会"一地鸡毛"，而真正值钱的、赚钱的股票在情绪过后只会向价值靠拢而不会崩塌。

这种供需关系最直观的呈现就是成交量。成交量是真实地反映市场供求关系的指标，对于我们的交易，前辈们将成交量画成一根根成交量柱直观地反映供求的变化。

新手交易者往往不太关注成交量，因为他们要么纠结于技术面、基本面，要么被市场情绪裹挟而不能自己，迷茫的或者狂妄的心态会让人浮于表面，价格往往更加具备吸引力，因为每一次的波动都牵扯着自己的钱包。

但是真正稳重、成熟的交易者会比较看重对成交量的分析，因为成交量不同于任何一项市场分析指标，它能够实时地反映市场动态，而且集中反映了市场的群体情绪。

在市场中，成交量低迷往往意味着流动性差，参与度低，在这样的市场中交易是很困难的，因为你的每一次出手，不管是买入还是卖出，都需要承担更高的时间成本和更大的滑点，这里的滑点主要是指为了促进成交而承担的损失。

比如，在交易活跃的市场，想要卖出可以直接委托市价，从而快速地成交；但是在低迷的市场，可能需要低于市价挂单才有人愿意买，即使这样，也需要付出更多的时间。

一个资金量比较大的投资者,是不会选择一个低迷的市场的,因为这里的买家和卖家都比较少,想要顺利地"吃到货"或者把手里的货脱手,并不是一件容易的事,这可能需要付出很多的时间和妥协才能够实现。

当然长线投资者另当别论,因为他们在进场的那一刻就已经想好了陪企业共同成长。由于合约交易者不存在长线投资者,所以他们必然会看重流动性。

成交量是市场参与者的总量,一些人买入,另一些人卖出,撮合成交了,就有了成交量,这是相对客观的,不存在弄虚作假。成交就是成交,不成交就是不成交,成交量真实地反映了市场的交易情况。

如图 5-21 所示,流通市值是 85.93 亿元,但是当天的成交换手率(换手率=成交量/流通股本×100%)只有 0.46%,这时成交量是非常低的。从图中可以看出,在这种低迷的情况下,K 线的走势就像织布机一样,在分时均线附近慢速震荡,通常交易量活跃的 K 线分布都是连续而顺畅的,而这种成交量低迷的 K 线是棱角分明的,这意味着每一次撮合成交的时间成本都是非常高的。

成交量反映了市场参与者的情绪,在一个快速成交的市场,参与者的情绪是高昂的,不断地有买家涌入,也不断地有卖家离场,这就像是一个二手交易市场,热度高的商品总是在不断地变换着主人,而这些参与者通过倒手的方式赚取差价。但是在一个交易量不活跃的市场,就可能面临到手的"宝贝"卖不出去,只能自己拿着或者贱卖。

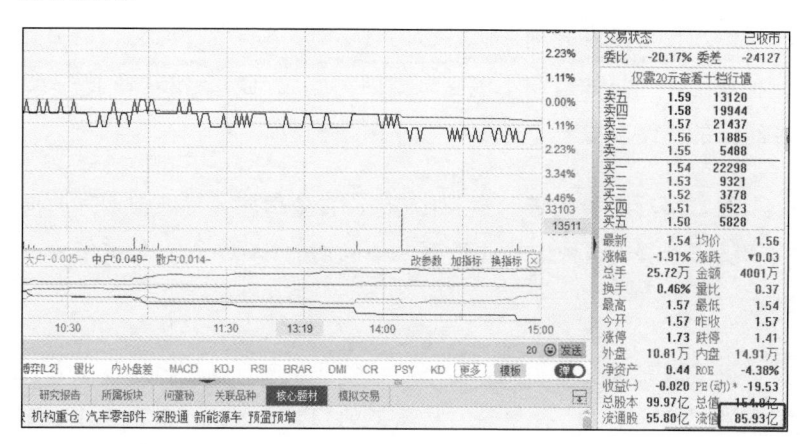

图 5-21

那么为什么在成交量大的交易活跃的市场,依然有那么多人在亏钱,在承受损失,而赚钱的人依然只是少数呢?

这是因为成交量反映了参与者的情绪和金钱的卷入程度。一旦实实在在的金钱和漫无边际的情绪夹杂在一起,人们就不再理性了。尽管是在价格不断上涨的市场,也还是有很多参与者在亏钱。

大家的参与不再是基于价值的判断,而是任由欲望的攀援,而且情绪的投入使得买和卖具备了很强的主观性,简单来说就是参与者有一种极强的自我实现价值观,他们极度渴望证实自己的正确性。

买入者希望自己的判断是正确的,价格会立刻上涨,而卖出者也希望自己的判断是正确的,希望在卖出后价格立刻下跌。基于这样的判断而做出的选择是没有问题的，但是情绪的影响是深远的，一旦市场价格没有立刻按照自己的判断走，参与者马上会产生另外一种情绪，"早知道我不该这么做的，我应该怎么做就好了"，这种纠结的情绪就像一个肿瘤，会不断地扩散。

随着市场走势的进一步演化，投资者会推翻自己之前的判断而重新做出选择，这种选择并没有一个确切的标准，仅仅是情绪主导而已。

很多股票成交量很大，但是赚钱效应很差，就是因为投资者在不断地摇摆：买入，价格没有按预期的判断立刻涨，于是卖出。卖出后，价格又涨了，还是不应该卖的，于是又买入。反正只要有足够多的参与者参与进来，这种游戏就可以不断地进行下去，大家的热情都很高，大家都不赚钱。

在这个过程中，会出现一种很奇怪的现象，投资者对自己的容错率很低，一旦不能立刻证实自己是正确的就会立即撤退，但是对账户亏损的容忍度却很高，投资者可以允许自己无限次地摇摆，无限次地冲动买卖。无数投资者都是在一次次小的亏损积累中走入了长期亏损的泥潭，这无可辩驳地成为了多数人的命运。

实质上每一次价格波动都会有很大一部分人面临账户的亏损，即使在价格不断上升的过程中也是如此，盘中的每一次震荡都会有人亏损出局，现实并没有想象的那么美好。

无数参与者都把自己不能赚钱归咎于没有牛市行情，实际上真正当一轮牛市行情到来时，这些人依然赚不到钱，他们的账户反而会在牛市临近结束时快速地缩水。

因此，行情确实会影响赚钱，但是真正影响你赚钱的，其实还是你自己。

5.6　股价创新高，成交量却越来越低

由于成交量包含了参与者情感投入的强度，所以我们在交易过程中，通过成交量的变化可以获取很多信息，这对我们的交易决策是很有帮助的。我们既可以选择做情绪的参与者，也可以选择做情绪的利用者，这取决于交易者本身对自我的掌控力和对市场的分析能力。

市场中成交量较低的情况可能会维持相当长的时间，这时参与者都是相对冷漠的，对市场未来的涨跌并没有太大的期待，因此股价也会维持在一个相对平衡的空间里震荡。但是成交量突然放大会打破这种平衡，并且往往会伴随大量的新交易者的出现，如图 5-22 所示，成交量突然放大数倍，股价也直接打破之前的平衡，创出新高。

在这个过程中，新的买方进场会出现几种情况，原先的观望者会随着新的买方进场转化为买方，原先的卖方也会随着新的买方入场而转化为买方，所以这时候买方的力量进一步增强了。

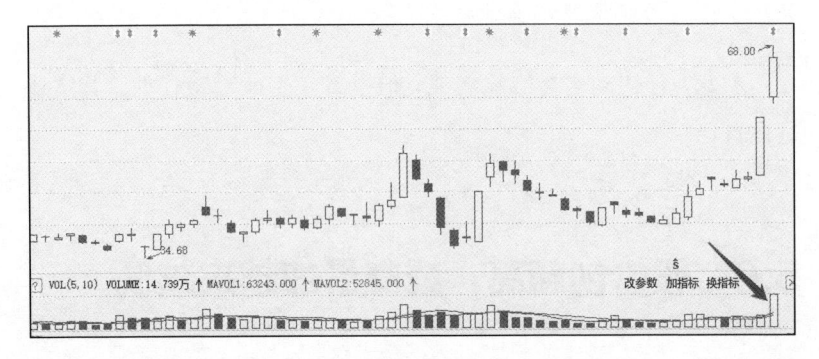

图 5-22

此时，被套在里面的投资者见到股价拉升会毫不犹豫地跑路，因此成交量进一步放大，而买方的队伍随着这种过程的集结已经足够强大，短期内会迅速消化掉卖方进而主导市场。

随后，如果买方力量依然很强，那么可能会出现成交量降低但是股价依然走高的情形，这是因为买方的目标不限于此，他们的志向更加远大，而且实力也足够强，这时卖方筹码有限，所以不会有大的抛压。但也因此导致新的交易者进不来，因为成交的条件一定是有卖方才能成交，买方单方面是无法成交的。

当交易者愿意买但不愿意卖时，就会出现成交量低、股价却不断走高的情形，如图 5-23 所示，手里有筹码的人惜售，不愿意卖，成交量就会收缩。

股价通常会在下一次成交量放大的时候发生转折，因为成交量再次放大的前提是，持有筹码的投资者愿意抛掉手里的筹码，这时场外的交易者才有机会进来。成交量放大往往意味着巨量的换手，原先的交易者撤退，新的交易者进场，这种时候往往容易出现顶部。

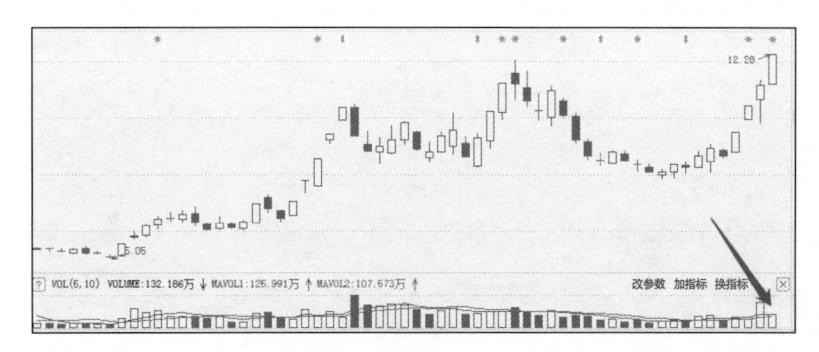

图 5-23

多数情况都是情绪交易者涌入，接手了原来多方的筹码，而这种情况是不可持续的，因为情绪交易者会在买入之后很快反悔，当他们发现自己接手之后股价上涨没有那么强势了，就会后悔入手，转而由多头变为空头，出货离场。

由于这时候的参与者大多是情绪主导者，一旦有人离开就会吸引其他投资者离开，这就像多米诺骨牌一样，会引发一连串的反应，进而出现恐慌性的抛盘，使股价崩塌。因此，在股价持续拉升之后突然放量是需要引起注意的。

如图 5-24 所示，在成交量缩量的情况下股价连续拉升，然后出现了巨量成交量。这一天是主要的分歧点，新的资金涌入，原先的筹码持有者离场，随后市场走了一段惯性上涨的行情，就开始掉头向下了。

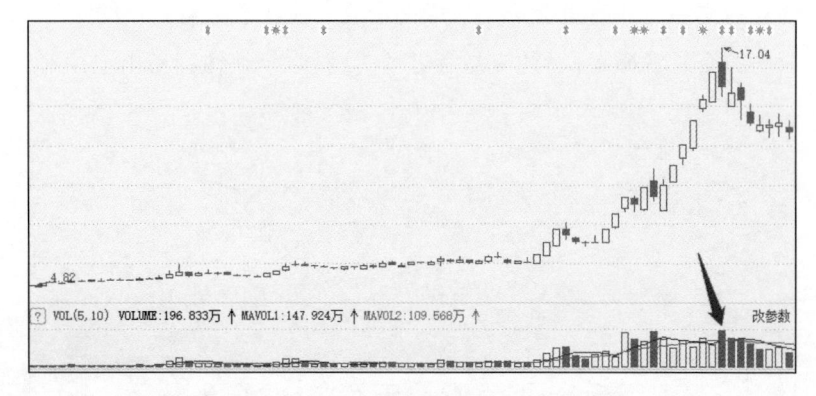

图 5-24

拓展一点：对于这种情况，我们分析，主力资金不一定已经离场，也可能是即将离场，所以盘中做个差价，左右手对倒，吸引外盘资金进场接盘。总而言之，这种放量的情况是值得我们注意的，并不是成交量放大就一定值得去博弈，当交易活跃起来的时候往往也处处是"镰刀"。

需要注意的是，成交量忽然出现异常变大之后，市场并不一定会立刻发生转折，通常会在一段时间内延续之前的走势，这也是主力资金对市场情绪的一种把控。在低位时，成交量放大往往是新的买方入场的前奏，后续可能会持续一段时间的震荡，买方通过这种震荡拿到更多的筹码，以利于后续的拉升，因为在拉升过程中抛压越小就会越顺利。而股价在高位放量往往是买方想要离场的信号，放量之后延续升势是为了吸引更多买方进场，自己好全身而退。

这是成交量放大给我们传递的信息,当然这并不一定完整,只是列举了常见的情况。

同样,成交量缩小,很多时候也会传递一些重要的信息。市场的下跌在初期往往是快速的,成交量也很大,这时随着空方力量的变强和情绪的发酵,恐慌情绪会迅速蔓延,导致原来的多方也纷纷出逃,变成空方的力量,空方步步紧逼,多方节节败退。

初期成交量会比较大,随着空方力量的衰减,下跌的速度会慢慢降下来。这时候空方力量已经有限,而多方还很谨慎,所以陷入僵持阶段,成交量降低,市场进入盘整期。

如图 5-25 所示,随着下跌速度的减缓,成交量也在不断地降低。需要注意的是,当成交量不断降低、振幅不断压缩收窄时,就是市场要选择方向的时候了。

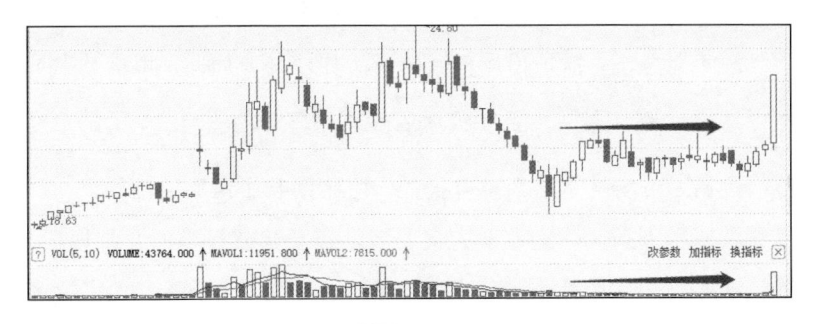

图 5-25

物极必反,这也是周期的思维,在下跌过程的初期,下跌速度是迅速而猛烈的，对应周期的衰退期。随后下跌速度慢慢降下来，量能不断收缩，市场进入萧条期。

萧条期就是市场发生转折的关键时期，而后进入复苏期，市场开始进入新的周期，打破原有的平衡。

需要注意的是，这时候市场会选择方向，继续向下还是扭头向上，需要结合市场的具体情况和位置综合来看，有可能市场选择的方向是继续下跌。可以明确的是，成交量的持续收缩是市场即将发生转折的重要信号。

每一次成交量的放大都意味着有大量的交易者出局，而出局的这些交易者中绝大多数是亏损者。市场中的参与者大都会经历这样一个阶段，这个过程让人刻骨铭心，同时对个人的成长也极具意义。

通常在上涨的中期或者下跌的中期，也会出现成交量放大的情况。比如，在上涨的中期，成交量忽然放大，有的投资者会认为市场已经走到头了，慌忙出局。但是事实往往并非如此，市场马上又重拾升势，这时他们才意识到自己已经被洗出局了。

没错，市场就是这么难以把控，情绪助长了市场的涨跌，同时使涨跌变得复杂。作为专业的交易者，需要建立严格的交易规则，每一次入场和离场都不是结束，而是新一轮交易的开始，他们会密切地关注市场的动向，随时做好出手的准备，哪怕是被洗出局，也会按照规则及时地准备下一次交易。

成交量的高低是相对个股而言的，由于标的规模存在差异，所以成交量大小的标准也是不一样的，比如，不能以贵州茅台的成交量来衡量深科技的成交量，两者的总市值不在一个层级，贵州茅台总市值为 2.17 万亿元，深科技总市值为 292.6 亿元，两者没有可比性。

成交量的高低只是相对过去而言的，在震荡的市场中，投资者的情绪往往比较稳定，波动不会太大，成交量也会平平无奇。而在拉升或下跌的过程中，投资者投入的情绪比较大，对市场的反应表现得也更加敏感，所以成交量会随之变大。

如果你能从成交量的变化中把握市场情绪，并且能够独善其身，不被卷入其中，那么情绪就会成为你的杠杆，你也会是一个优秀的交易者。

5.7 筹码峰里面居然藏着财富密码

筹码峰是指在特定时间段内，市场上积累的大量筹码集中在某个价格水平附近，由于受某种利好或利空消息的影响，或者是投资者对特定价格的技术分析支持较强，使得大量的筹码在某个位置堆积所形成的现象。它可以反映市场参与者对某个特定价格的偏好程度，也反映了市场平均成本的集中程度，如图 5-26 所示，大盘指数在 3200 点一带的集中度就比较高。

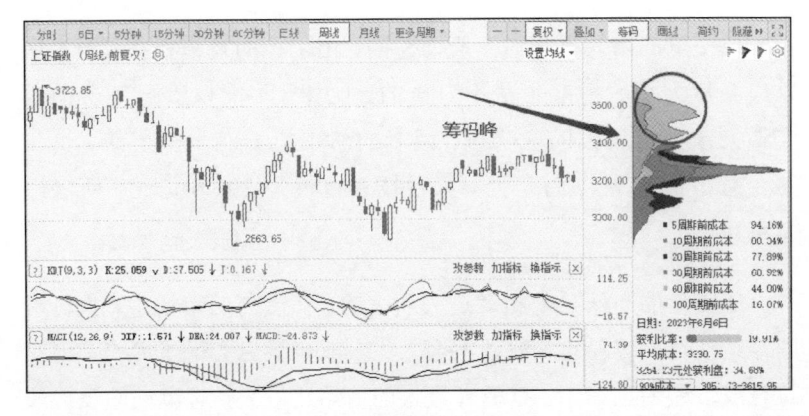

图 5-26

筹码峰显示了市场中的支撑和阻力水平。当价格接近或突破筹码峰所在的价格水平时，投资者可能会有买入或卖出的动作，这可能会导致价格反弹或回撤。如图 5-26 所示，圆圈内筹码峰所在位置是市场成本比较高的位置，基本属于被套的筹码，当股价上升到这个位置附近时，就会有一定的抛压，被套的筹码可能会选择出局。

筹码峰的高度可以反映筹码在特定价格区域的集中程度，较高的筹码峰表示更多的交易活动，表明市场参与者对该价格区域的兴趣较大。

这也可能导致价格的震荡或趋势反转，如图 5-27 所示，筹码峰的尖顶位置就是筹码交易活跃的位置，大盘指数在 3200～3400 点一带，是市场认可度较高的区域，也是交易活跃的区域，这个位置的多空博弈最为激烈。

第 5 章　初步理解股票交易　135

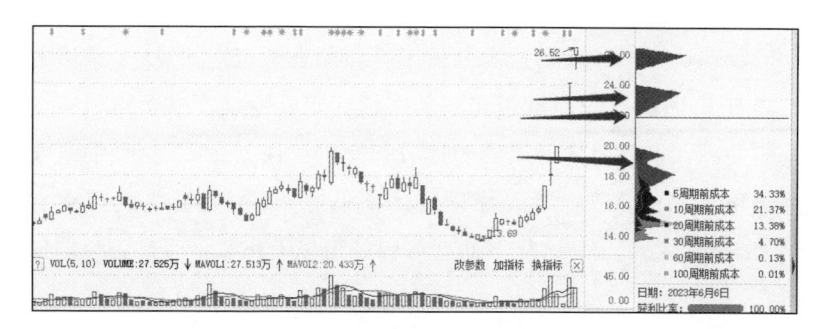

图 5-27

筹码峰可以提供有关市场情绪的线索。当筹码峰位于当前价格的上方时，表明投资者对价格的上涨有较大的信心。相反，当筹码峰位于当前价格的下方时，投资者可能表现出对价格下跌的担忧或不确定性。通过观察筹码峰的位置和变化，可以洞察市场情绪的变化，并据此做出相应的投资决策。

如果筹码峰位于价格的下方，并且没有撤离，则表明之前在那个位置聚集的筹码对后市的行情持续看好，并没有想要止盈离场的意思，筹码峰所在的位置就是他们的成本线集中的位置。

从图 5-27 中可以看到，股价创了新高，当前获利比例是 100%，也就是说持有的股票都赚钱了，一共形成了四股主要的筹码峰。下面的三股筹码峰依然较长，没有怎么动，说明资金对该股后市的行情持乐观态度，在当前位置并没有止盈离场的打算。

筹码峰的宽度可以表示在特定价格区域的交易活动密度，较宽的筹码峰意味着更多的买卖交易，它显示了投资者在该价格水平上的广泛交易兴趣。

我们可以通过使用技术分析工具和图表来识别筹码峰,常用的工具有 K 线图、成交量图和波动率指标等。通过观察价格和成交量的关系,可以确定筹码峰的形成和变化。像图 5-27 这种缩量上涨创出新高的情况,筹码峰肯定是狭小的,原因是原先的持有者惜筹,不愿意卖出,这从下面的筹码峰可以看出来,后市还会创出新高。

筹码峰可以帮助投资者确定支撑和阻力水平,即价格在上涨或下跌过程中可能遇到的压力点和支撑点。我们可以根据筹码峰的高度和变化,并结合其他技术指标,确定买入和卖出的时机。

通过观察筹码峰的位置和变化,我们可以了解市场参与者的情绪和预期。如果筹码峰处于当前价格的上方并持续扩大,则意味着市场情绪是乐观的,投资者可以考虑跟随趋势买入。相反,如果筹码峰位于当前价格的下方并逐渐减小,则意味着市场情绪是悲观的,投资者可以考虑逢高卖出。

观察筹码峰的高度,可以判断市场参与者对特定价格的关注程度和筹码的集中度。较高的筹码峰表示有更多的买卖活动,预示着市场的短期波动或趋势反转。

筹码峰作为一种重要的分析工具,为我们提供了对市场趋势和情绪的洞察。通过识别筹码峰并分析其中所蕴含的信息,投资者可以更好地把握市场机会,制定更明智的投资决策。

然而,筹码峰仅仅是一种辅助工具,需要与其他技术指标和基本面分析相结合,以提高分析的准确性和可靠性。我们在使用筹码峰时应谨慎，避免对单一指标的盲目依赖。

此外，对筹码峰的解读也需要考虑市场的整体情况和背景因素。市场中的利好消息、宏观经济数据、政策变化等，都可能对筹码峰的形成和解读产生影响。因此，我们需要综合考虑多种因素，并根据自身的投资目标和风险承受能力做出相应的决策。

总之，不要迷信某一种指标，它只是我们建立标准的其中一项参考，是投资大厦中的一颗钉。

5.8　主力和散户的动向在这里

众所周知，跟着主力往往有"肉"吃，在这个市场中，投资者大致被分为三类：散户投资者、游资和机构投资者。

散户投资者往往是市场中力量最薄弱的群体，因为个人的力量是有限的，散户投资者在茫茫交易市场中就仿佛一粒沙子，极其被动和渺小，而且信息相对落后。不得不说，只要市场还是这个市场，只要世界还是这个世界，信息差就永远存在。

散户投资者作为市场中的弱势群体，通常的选择就是跟随强者，去监控机构投资者的动向和游资的动向。机构投资者相对来说是市场中最具优势的群体，也是散户投资者比较容易跟随的对象。

机构投资者绝对算得上是市场的主力资金,他们拥有强大的资金实力,而且往往对行业的研究具备优势,能够看到大部分人看不到的行业动态。因为个人投资者是很难走进一家上市公司的内部的,但是机构投资者不仅能够进入上市公司的内部,而且还能够受到公司高管的热情接待和耐心答疑。

对于公司的发展情况,机构投资者往往能够获取更多真实的信息。市场中常见的机构投资者主要是各个基金公司、私募基金、香港中央结算公司、产业投资基金,以及地方国资委等。机构投资者的手法往往更接近于价值投资,通常情况下,他们会选择在一个企业的股价位于低位时进场,在股价走高时卖出获利。

然而,机构投资者布局的公司在初期很难进入我们散户投资者的视野,当进入我们视野的时候往往价格已经开始走高。这就需要我们具备敏锐的洞察力,及时关注市场发展的方向,深度挖掘具备行业实力的公司,但是单从财报等基本资料很难发现主力资金建仓的痕迹,因为这些数据都是一个季度更新一次,对于我们来说往往都是延迟的。

我们可以通过"仓位在线"网站去关注主力的动向,如图 5-28 所示,这个网站上面会实时披露机构投资者的建仓情况,以时间线为轴,具体什么时候建仓,建仓哪只股票,建仓量多少等,这些信息都会详细地披露出来。这是一个免费公开的网站,大家有兴趣可以去上面查看。

图 5-28

除此之外，散户投资者比较喜欢关注游资，因为游资的风格更得人心，他们来去如风，成为一众散户投资者追随的对象。

这一块最直观的部分就是龙虎榜，我们可以通过龙虎榜上的动态来跟踪游资的进出，但是龙虎榜并不是什么时候都会出现的，这时候敏锐的投资者就会将注意力放到盘口，关注盘口的异动情况。

异动通常来说就是资金试盘的动作，首先通过对异动的监控来锁定游资的动向，然后根据盘口挂单的分布情况来分析是不是游资进场。

这一点对于有经验的交易者来说并不是难事，各个软件基本都有 level 2 功能，可以实时监控每一个价位的挂单情况，包括挂单的数量及其组成。

游资的体量一般来说是比较大的，因此在排单时会出现快速扫货的情况，我们可以通过盘口来监控数量异常的挂单。

散户投资者的挂单往往是杂乱零碎的小单，而大的资金会尽量避免太过细碎的挂单，因为那样交易成本会大大地提升，而且不利于快速地建立仓位，时间拉得越长，成本就会越高，所以大家看到很多股票在封板的时候都是很迅速地拉升封板。

需要注意的是，在卖出时，游资为了掩人耳目顺利出货，会将大单拆成小单陆续卖出，这样就不容易被察觉。我们需要综合各项指标去判断当前市场形势，严格按照交易标准去执行，切勿主观判断。

散户投资者被套的很大一部分原因往往都是追高，而这种高位信号其实通常是很明显的，只是情绪会让人忽略这种危险，进而做出大胆的博弈行为。

此外，有很多主力和散户动向分析指标，比如主力趋势线，该指标将主力线、散户线、中户线以不同颜色的线条绘制出来，通过线条的走势显示资金的动向。

当然，这些指标都有其缺陷，需要我们结合市场进行综合分析，最好的方式还是独立思考，踏实研究。

第 6 章

深刻理解股票投资

- ➢ 6.1 高手必看的资产负债表
- ➢ 6.2 可以被调整的利润表
- ➢ 6.3 公司的生命线——现金流量表
- ➢ 6.4 活学活用,三张表一起看
- ➢ 6.5 如何看一家公司的财报

6.1 高手必看的资产负债表

财报一年有四次，分别是一季报、半年报、三季报和年报。年报一般次年 5 月 1 日之前要披露完，半年报一般当年 9 月 1 日之前披露完，季报一般就是季度后一个月内披露完。

这里面最重要的就是年报，年报对我们来说是必看的，看年报能清楚这家公司这一年到底在干什么，对公司的成长性和赚钱能力会有一个清晰的认识，建议大家可以看一下自己感兴趣公司的年报。

财报主要有三张表：资产负债表、利润表和现金流量表。高手和专业投资者都会直接下载原始的财报来仔细分析，最先看的表一定是资产负债表。而利润表和现金流量表的作用，只是为了印证资产负债表上的内容。

资产负债表，显示了公司在一个会计年度有多少资产和负债。

利润表，也叫综合损益表，显示了公司在一个会计年度中的盈利来源及盈利金额。

现金流量表，记录了公司在会计年度现金的流入和流出情况。

第6章 深刻理解股票投资

三张表当中，最核心的报表是资产负债表。

一般我们在看一家公司的财务报表时，第一时间看的表就是资产负债表。在一张资产负债表中，左边要等于右边。左边记的是企业的资源，右边记的是资源权益的归属。

资产负债表是由一个公式演化而来的：

$$总资产 = 总负债 + 所有者权益$$

资产负债表中各项元素的关系如图 6-1 所示：

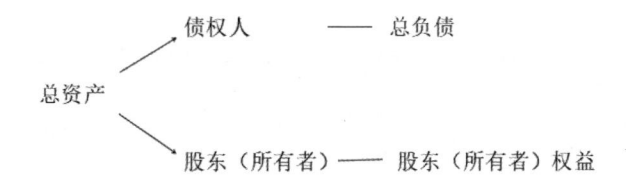

```
                  债权人 ——— 总负债
总资产
                  股东（所有者）——— 股东（所有者）权益
```

图 6-1

我们先来看一下格力电器的年度资产负债表，如表 6-1 所示。

什么是**资产**呢？比如厂房、工具、设备、资金、存货等，都算资产，因为它们在未来能够得到现金流入。还有一种资产，能够减少未来的现金流出，比如预付款就是其中一种。

负债就是公司对外承受的经济负担，包括应付工资、应付账款、长期借款，等等。

表 6-1

资产负债表	2022-12-31	2021-12-31	2020-12-31	2019-12-31	2018-12-31
流动资产					
货币资金	34.67%	-14.28%	8.78%	10.90%	13.52%
交易性金融资产	—	—	-61.18%	—	—
以公允价值计量且其变动计入当期损益的金融资产	—	—	—	—	68.17%
衍生金融资产	—	-30.38%	209.00%	-45.72%	-64.02%
应收票据及应收账款	7.16%	58.39%	2.64%	-60.48%	14.55%
其中:应收票据	—	—	—	—	11.30%
应收账款	7.11%	58.39%	2.64%	10.57%	32.42%
应收款项融资	10.99%	22.12%	-25.70%	—	—
预付款项	-48.94%	95.74%	30.62%	10.81%	-41.85%
其他应收款合计	140.59%	126.50%	-7.41%	-93.71%	18.17%
其中:应收利息	—	—	—	—	19.47%
应收股利	104.92%	—	—	—	—
存货	-10.41%	53.39%	15.76%	20.35%	20.76%
合同资产	-6.99%	1365.68%	—	—	—
一年内到期的非流动资产	-69.96%	—	—	—	—
其他流动资产	—	-39.92%	-32.37%	34.95%	65.45%
流动资产合计	12.97%	5.72%	0.12%	6.84%	16.41%
非流动资产					
发放贷款及垫款	-82.62%	-31.45%	-53.44%	59.00%	35.93%
其他债权投资	142.64%	1076.63%	69.12%	—	—
可供出售金融资产	—	—	—	—	1.90%
长期应收款	4698.82%	—	—	—	—
长期股权投资	-43.00%	27.31%	14.94%	213.86%	1938.67%
其他权益工具投资	-53.83%	29.99%	67.69%	—	—
其他非流动金融资产	5345.87%	-95.94%	—	—	—
投资性房地产	39.54%	-1.05%	-7.09%	-7.24%	4.00%
固定资产	8.40%	64.23%	-0.09%	4.00%	5.17%
在建工程	-7.94%	81.38%	65.30%	95.10%	63.02%
使用权资产	1319.85%	—	—	—	—
无形资产	17.19%	68.71%	10.06%	1.94%	44.35%
商誉	134.50%	250.46%	-38.05%	529.14%	—
长期待摊费用	22.10%	118.54%	215.22%	-35.86%	91.86%
递延所得税资产	6.86%	18.22%	-7.90%	10.50%	4.71%
其他非流动资产	45.16%	-9.12%	-16.89%	20.42%	-22.04%
非流动资产合计	6.53%	42.94%	-5.78%	35.19%	18.62%
资产合计	11.06%	14.46%	-1.33%	12.60%	16.66%
流动负债					
短期借款	91.53%	36.02%	27.35%	-27.75%	18.35%
拆入资金	—	0.00%	-70.01%	—	—
衍生金融负债	—	—	—	—	-58.20%
应付票据及应付账款	-6.79%	44.48%	-20.78%	34.90%	12.42%
其中:应付票据	-5.24%	90.15%	-15.29%	133.30%	10.90%
应付账款	-8.42%	13.51%	-24.13%	6.85%	12.83%
预收款项	—	—	—	-16.00%	-30.78%
合同负债	-3.44%	32.77%	—	—	—
卖出回购金融资产款	—	57.16%	-77.10%	—	—
应付职工薪酬	12.44%	3.01%	-1.91%	38.73%	31.70%
应交税费	71.24%	-3.05%	-37.86%	-23.61%	24.00%
其他应付款合计	61.95%	184.24%	-12.29%	-42.86%	69.46%
其中:应付利息	—	—	—	—	-31.86%
应付股利	2373.48%	-66.12%	899.93%	0.00%	0.00%
一年内到期的非流动负债	-79.60%	—	—	—	—
其他流动负债	-7.47%	—	-1.23%	2.87%	4.02%
流动负债合计	9.78%	24.37%	-6.56%	7.54%	6.91%
非流动负债					
长期借款	243.54%	391.56%	3868.60%	—	—
租赁负债	4331.53%	—	—	—	—
长期应付款	-76.55%	—	—	—	—
长期应付职工薪酬	6.85%	9.71%	6.27%	7.78%	16.09%
递延收益	22.59%	518.41%	81.72%	44.63%	31.75%
递延所得税负债	-3.00%	62.55%	52.09%	73.04%	32.89%
非流动负债合计	152.95%	277.02%	184.52%	62.75%	29.72%
负债合计	19.59%	30.39%	-5.02%	7.83%	7.01%
所有者权益(或股东权益)					
实收资本(或股本)	-4.79%	-1.68%	0.00%	0.00%	0.00%
资本公积	294.13%	3.30%	30.49%	0.00%	-25.22%
减:库存股	-71.17%	277.82%	—	—	—
其他综合收益	-81.77%	51.49%	18.14%	1236.57%	-500.66%
专项储备	15.95%	—	—	—	—
盈余公积	12.92%	-43.32%	—	—	—
一般风险准备	0.32%	1.61%	1.58%	68.70%	0.63%
未分配利润	-11.61%	0.02%	9.65%	14.47%	47.01%
归属于母公司股东权益总计	-6.65%	-10.02%	4.57%	20.01%	39.19%
少数股东权益	19.74%	152.85%	-10.79%	36.50%	11.92%
股东权益合计	-5.61%	-7.66%	4.91%	20.85%	38.62%
负债和股东权益总计	11.06%	14.46%	-1.33%	12.63%	16.66%
审计意见(境内)	标准无保留意见	标准无保留意见	标准无保留意见	标准无保留意见	标准无保留意见

所有者权益是指企业资产扣除负债后,由所有者享有的剩余权益。公司的所有者权益又称为**股东权益**。所有者权益是所有者对企业资产的剩余索取权,它是企业的资产扣除债权人权益后应由所有者享有的部分,既反映了所有者投入资本的保值和增值情况,又体现了保护债权人权益的理念。

所有者权益的来源包括所有者投入的资本、其他综合收益、留存收益等,通常由股本(或实收资本)、资本公积(含股本溢价或资本溢价、其他资本公积)、其他综合收益、盈余公积和未分配利润等构成。

6.1.1 资产

1. 经营性资产

我们先看资产里的**货币资金**,资产负债表流动科目下的第一栏就是货币资金,可见它的重要意义。**期末余额**的计算公式为:

期末余额 = 期初余额 + 本期增加发生额 − 本期减少发生额

期末余额反映的是本年度末净增加额的情况,但这不完全是上市公司账上的数据,而是合并报表后的数据。

也就是说,虽然看到货币很多,但不全是上市公司的钱,如果下载的财报是原始财报,就能看见一个详细的货币资金的存放情况,比如有多少银行存款、多少现金、多少准备金,一目了然。如果表格有空白处,则表示没有。可以在巨潮资讯网(如图 6-2 所示)里下载年报的 PDF 文件,然后在文件中搜索"货币资金",就能看到详情了。

图 6-2

货币资金过大或过小都不好，货币资金过大，说明资金运用能力较弱；货币资金过小，说明偿债能力不足。

要注意以下三种情况：

（1）货币资金远小于负债，说明有偿债危机爆发的可能；

（2）货币充裕，但基本都是高利贷；

（3）定期存款多，其他货币资金多，但流动资金很缺乏，其他货币资金巨大，而且没有合理的解释。这通常说明资金被大股东占用，只是在做账的时候，现金临时回到公司的账上。

"事出古怪必有妖"，第三种情况要特别注意，这些公司都有很强的做账痕迹，既然它们想掩盖什么，那我们就不要去碰这类股票了。

应收账款同样也是需要我们重视的，如表 6-2 所示，**应收账款**是指企业因销售商品、产品或提供劳务等原因，应向购货客户或接受劳务的客户收取的款项，包括买价、增值税款及代购货单位垫付的包装费、运杂费等，反映的是企业未收回的款项。

表 6-2

资产负债表	2022-12-31	2021-12-31	2020-12-31	2019-12-31	2018-12-31
流动资产					
货币资金	582.7亿	518.1亿	360.9亿	132.5亿	1121亿
拆出资金	1162亿	1351亿	1182亿	1174亿	—
应收票据及应收账款	1.264亿	—	15.33亿	14.63亿	5.637亿
其中:应收票据	1.055亿	—	15.33亿	14.63亿	5.637亿
应收账款	2094万	—	—	—	—
预付款项	8.974亿	3.891亿	8.984亿	15.49亿	11.82亿
其他应收款合计	3182万	3316万	3449万	7654万	3.939亿
其中:应收利息	—	—	—	—	3.439亿
存货	388.2亿	333.9亿	288.7亿	252.8亿	235.1亿
一年内到期的非流动资产	21.24亿	—	—	—	—
其他流动资产	1.608亿	7153万	2674万	2090万	1.401亿
流动资产合计	2166亿	2208亿	1857亿	1590亿	1379亿
非流动资产					
发放贷款及垫款	41.35亿	34.25亿	29.53亿	4875万	3608万

应收账款有时候额度会比较高，在流动资产合计中占比较重，所以看上去企业盈利好像挺好，但实际上很多企业一旦遇到经济形势不好，应收账款是很难收回的，同时还存在这样一种现象：部分企业会利用应收账款来虚增收入，说白了就是做假账。

比如，四川长虹 2002 年有 45 亿元人民币的应收账款，其中与美国公司 APEX 的贸易产生了 38 亿元人民币的应收账款，这部分应收账款没能收回，最终导致计提坏账，这也是四川长虹上市十年间首次暴露亏损，直接创下沪深两市之最。本来上市公司只要两年连续亏损就会被退市警告，但是上市公司通过这种应收账款集中计提坏账的方式避免了被退市警告。

另外，如果公司的应收账款占收入比例较大，而且连续几年的年报显示都是这种情况，我们就要警惕公司收入的真实性了。那么没有应收账款好不好呢？这要根据具体情况进行具体分析。

比如，茅台酒供不应求，市场对于茅台这种高端白酒的需求非常旺盛，对于茅台公司而言，市场是卖方市场，这种情况通常以现结为主。简言之，谁能直接给钱就给谁货，所以应收账款一直以来都很低，甚至有些年份都没有应收账款，这是因为茅台酒的垄断地位造成了这种市场现象。但是对于生产替代性很强的货品的公司，如果没有应收账款就会让人感觉很奇怪，大概率存在收入造假，因为对于替代性很强的产品而言，市场是买方市场，买方具有议价权，通常都是先发货、后付款，这时候就会形成应收账款。

比如，2001年著名的蓝天造假案，公司2000年的销售收入为18.4亿元，但是应收账款只有857.2万元，很难想象，一家以卖饮料水为主的公司竟然能够做到几乎以现金结算，后面经调查发现公司果然存在财务造假。当然，这家公司在2003年的4月底就已经被停止交易了。

说完应收账款，我们说说**预付账款**，就是先交钱再拿货。如果预付款过多，那么一般意味着这家公司总是处于资金被压榨的地位。还有长期挂账的预付款，这很可能就是一种资金挪用的行为，即通过预付款把钱拿走，不知道干什么去了。

读者有兴趣的话，可以把历年的预付款占应收款的比例都算出来，如果这个比例大幅波动，就要找出原因。如果没有原因，就有可能是个"雷"了。

还有**其他应收款**，这就是一个"垃圾筐"，无关营业的应收款都会放到这里。比如，用它私设小金库，然后转移到账外。优秀的公司有一个共同的特点，其他应收款和其他应付款的比例极小，甚至为零。

反过来，如果其他应收款和其他应付款数额很大，那么这个公司大概率不是好公司。特别是那些账上没什么钱，还有大把其他应收款存在的企业，基本存在造假行为。哪有"自己揭不开锅，还把钱借给别人"的道理。

对于信誉不好的公司，我们千万不能投资，因为想要在一个"职业骗子"身上赚到钱，难度太大。而且别忘了，这种公司不但可以看到"底牌"，甚至可以换掉"底牌"，因此你根本一点胜算都没有。

还有**长期应收款**，主要包括融资租赁和递延分期付款，这就跟贷款买房一样，分期付款相当于银行先垫付，然后分期还给银行。不同的是，上市公司付出贷款的一方是公司自己而不是银行。比如，我卖一个大货车给你，你分期付款给我，这个分期的钱就是递延分期付款，跟应收账款有点像。

接着来看一下**存货**，如表 6-3 所示，存货就是企业在生产过程中的原材料。这其中有一个科目叫作**制造费用**，包括劳务福利、折旧费、修理费及办公水电耗材费用等。利用存货造假的手法很多，比如，为了虚增利润，故意不对已经贬值的存货计提跌价准备。换句话说，就是存货明明已经掉价了，或者变旧不能用了，公司照样说它值那么多钱。我们可以拿同行业其他公司作为"照妖镜"，只看几家龙头就可以了，如果别的公司都计提了跌价准备，而这家公司不计提，那么这家公司可能是有问题的。

表 6-3

600519 贵州茅台	最新价：1797.69	涨跌：42.69	涨跌幅：2.43%	换手：0.30%	总手：37918	金额：67.42亿
操盘必读	股东研究	经营分析	核心题材	资讯公告	公司大事	公司概况	同行比较
盈利预测	研究报告	财务分析	分红融资	股本结构	公司高管	资本运作	关联个股

主要指标 | 杜邦分析 | 资产负债表 | 利润表 | 现金流量表 | 百分比报表

○ 资产负债表

按报告期 | 报告期同比   全部 年报 三季报 中报 一季报

资产负债表	2022-12-31	2021-12-31	2020-12-31	2019-12-31	2018-12-31
流动资产					
货币资金	582.7亿	518.1亿	360.9亿	132.5亿	1121亿
拆出资金	1162亿	1351亿	1182亿	1174亿	—
应收票据及应收账款	1.264亿	—	15.33亿	14.63亿	5.637亿
其中:应收票据	1.055亿	—	15.33亿	14.63亿	5.637亿
应收账款	2094万	—	—	—	—
预付款项	8.974亿	3.891亿	8.984亿	15.49亿	11.82亿
其他应收款合计	3182万	3316万	3449万	7654万	3.939亿
其中:应收利息	—	—	—	—	3.439亿
存货	388.2亿	333.9亿	288.7亿	252.8亿	235.1亿
一年内到期的非流动资产	21.24亿	—	—	—	—
其他流动资产	1.608亿	7153万	2674万	2090万	1.401亿
流动资产合计	2166亿	2208亿	1857亿	1590亿	1379亿
非流动资产					
发放贷款及垫款	41.35亿	34.25亿	29.53亿	4875万	3608万

最重要的经营性资产的相关科目学习完了，下面我们来学习一下生产相关资产。

2. 生产相关资产

第一，**固定资产**，包括房屋建筑物、机器、运输车辆等，固定资产在配置时是一次性采购的，但在后续会计年度计算的时候却是按折旧算的。比如，你买房子花了 100 万元，这时候你的固定资产就是 100 万元，由于固定资产存在磨损和使用寿命的问题，所以时间越久越不值钱，那么每年就需要把这一部分损耗计提出去，比如按照 20 年折旧，每一年减少 5 万元，次年就在前一年的基础上计提 5 万元的折旧，从利润里扣除。

折旧的年限是有规定的，不同固定资产的折旧年限不同，房子的折旧年限基本就是 20 年，机器设备 10 年，电子设备和运输车辆 5 年，而机器设备等容易坏，所以要有一个减值准备。减值准备相当于先准备一笔钱，万一机器坏了就要马上买新机器，这笔钱将提前从利润里扣除。

如果你看到一家公司短期内折旧很快，说明公司着眼于未来发展，它们希望把更多的业绩留到以后，如果这家公司折旧很慢，则有"寅吃卯粮"的嫌疑。

第二，**在建工程和工程物资**，一旦建成就是固定资产。在建工程是不需要折旧的，因为还没建好，如果你发现有一个在建工程很长时间都不转入固定资产，那么有两种可能：一是公司避免折旧，不愿意减少利润；二是上市公司通过在建工程向关联供应商输送资金，再采购商品、增加订单、流入公司。这种在建工程往往会通过大比例折旧或者意外损毁的名义使其合理地从利润中计提出去。

第三，**无形资产**，是指品牌、知识产权等。注意，这其中包括土地使用权。所以，买地产股时一定要注意这个科目。无形资产也是有折旧的，叫作摊销。其中，研发费用一项是用来调整报表的。

低收入企业通常把研发费用计算到无形资产中。比如，本来花了1000万元研发费用，但它对外宣称：我花1000万元买了一个高新技术专利，这个专利值1000万元，这样虽然是支出了1000万元，但是按专利计入资产中，资产增加，这1000万元就不算实质性支出，只是换了一种存在形式，原来是现金资产，现在变成了无形资产。目的是使得资产显得多一点，利润高一点。

第四，**商誉**是指能在未来为企业经营带来超额利润的潜在经济价值，或一家企业预期的获利能力超过可辨认资产的正常获利能力（如社会平均投资回报率）的资本化价值。商誉是企业整体价值的组成部分，在企业合并时，它是购买企业投资成本与被合并企业净资产公允价值的差额。商誉，简言之就是**品牌溢价**，只有公司收购之后才会体现出来，一般在公司的报表里商誉一栏都是0。

比如，上市公司A收购了公司B，本来公司B的公允价值为800万元，但是在收购时公司A额外支付了200万元，以1000万元的价格收购成功，这时候公允价值之外的200万元就是公司B的商誉价值。

商誉价值相当于未来价值，等公司 B 的价值超过 1000 万元的时候就赚回来了。当然这里面也会存在一些"猫腻"，比如利益输送，因为公允价值是可确定的，而商誉价值是不可确定的。比如，公司 C 收购了公司 D，而公司 D 的公允价值只有 10 万元，公司 C 却以 50 万元的价格进行收购，另外 40 万元称为商誉价值，最后这部分高额的商誉价值就可能会成为一个"雷"，毁掉公司。

第五，**长期待摊费用**，是指企业已经支出的费用，但只包括持续期为一年以上的费用。比如装修房子、修理机器等，这些项都需要计入当期费用，再从利润里扣除。这笔钱本来已经花出去了，但在做财务数据的时候依然归为资产，所以极具迷惑性，也是会计做账时喜欢伪装的地方。把其他费用放在这里，会显得资产特别多。

下面介绍一下递延所得税资产。**递延所得税资产**是指未来预计可以用来抵税的资产，递延所得税是时间性差异对所得税的影响，在纳税影响会计法下才会产生递延税款，是根据可抵扣暂时性差异及适用税率计算、影响（减少）未来应交所得税的金额。

3. 投资相关资产

上面介绍了生产相关资产，下面我们来学习投资相关资产，如表 6-4 所示。

表6-4

| 300059 东方财富 | 最新价：14.16 | 涨跌：0.15 | 涨跌幅：1.07% | 换手：1.05% | 总手：1402170 | 金额：19.78亿 |

资产负债表	2023-03-31	2022-12-31	2022-09-30	2022-06-30	2022-03-31
流动资产					
货币资金	645.1亿	642.3亿	566.5亿	784.6亿	674.9亿
结算备付金	114.0亿	100.3亿	93.76亿	97.20亿	102.2亿
交易性金融资产	694.2亿	633.5亿	542.1亿	477.3亿	536.3亿
融出资金	398.3亿	366.2亿	364.3亿	380.4亿	397.0亿
衍生金融资产	2.239亿	1.729亿	6915万	1455万	1913万
应收票据及应收账款	10.82亿	10.48亿	11.05亿	14.30亿	19.50亿
其中：应收票据	9.025万	9.025万	—	—	—
应收账款	10.82亿	10.48亿	11.05亿	14.30亿	19.50亿
预付款项	7580万	5801万	8276万	7798万	1.070亿
其他应收款合计	71.73亿	90.32亿	101.4亿	172.0亿	56.66亿
买入返售金融资产	48.42亿	55.94亿	49.18亿	46.37亿	50.20亿
其他流动资产	5885万	7311万	7194万	5870万	6904万
流动资产其他项目	53.67亿	52.16亿	28.96亿	35.04亿	32.55亿
流动资产合计	2040亿	1954亿	1760亿	2009亿	1871亿

| 600519 贵州茅台 | 最新价：1797.69 | 涨跌：42.69 | 涨跌幅：2.43% | 换手：0.30% | 总手：37918 | 金额：67.42亿 |

存货	388.2亿	333.9亿	—	288.7亿	235.1亿
一年内到期的非流动资产	21.24亿	—	—	—	—
其他流动资产	1.608亿	7153万	2674万	2090万	1.401亿
流动资产合计	2166亿	2208亿	1857亿	1590亿	1379亿
非流动资产					
发放贷款及垫款	41.35亿	34.25亿	29.53亿	4875万	3608万
债权投资	3.807亿	1.705亿	2014万	—	—
可供出售金融资产	—	—	—	—	2900万
其他非流动金融资产	—	—	983.0万	3.198亿	—
投资性房地产	533.5万	524.2万	—	—	—
固定资产	197.4亿	174.7亿	162.3亿	151.4亿	152.5亿
在建工程	22.09亿	23.22亿	24.47亿	25.19亿	19.54亿
使用权资产	4.026亿	3.628亿	—	—	—
无形资产	70.83亿	62.08亿	48.17亿	47.28亿	34.99亿
开发支出	1.905亿	—	—	—	—
长期待摊费用	1.465亿	1.399亿	1.477亿	1.583亿	1.684亿
递延所得税资产	34.59亿	22.37亿	11.23亿	11.00亿	10.49亿
其他非流动资产	—	20.60亿	—	—	—
非流动资产合计	377.5亿	344.0亿	277.4亿	240.2亿	219.8亿
资产总计	2544亿	2552亿	2134亿	1830亿	1598亿

第一，**交易性金融资产**，也就是债券、股票基金和权证，短期流动性很强。这些资产的价格变动会体现在公允价值的变动上，计

入当期损益，所以炒股赚钱或亏钱是会影响当期利润的。

而一般的专业投资者，都要把这些非经常性损益扣除掉，只看公司的主营业务利润情况。这种投资就是持有到期投资，一般包括各类债券、持有到期还本付息，至于什么时候到期，要根据报表查看买入时间。

如果公司花 1000 元买了 1000 元面值的债券，放到持有至到期的投资账户里，那么就跟定期存款一样，每年都会获取利息，并计入投资收益，增加利润。但这个利息是该收利息，并不是已经收到的利息。就是说，你并没有实际收到钱，而利润表里已经体现出了这笔钱。

第二，与持有到期对应的，还有一部分资产叫作**可供出售的金融资产**，这个资产随时可以卖，牛市里这就是低估的"金矿"，而熊市里这就是"地雷"。这时候你要知道它买了什么，什么时候买的，并估算是赚钱还是亏损，避免突然出现巨大亏损，踩到财务"地雷"。

第三，**长期股权投资**，是指上市公司持有其他公司的股份，一般属于战略投资。战略投资有这样几种情况：持股大于 50% 叫作**控制**，持股在 20%～50% 之间叫作**联营**，持股 100% 叫作**全资子公司**。除了以上几种情况，还有一种情况是持股可以随便约定，叫作**合营**，合营持股不计入利润，只要不卖出，股权价值变动对公司就没有影响，当然如果持股的公司有利润分红，就会被计入利润中。

6.1.2 负债

负债部分非常简单,因为相比于资产容易造假,负债基本是真实的,很难被利用,所以负债可以很好地验证资产。

负债分为流动负债和非流动负债,**流动负债**是指将在一年或超过一年的一个营业周期内偿还的债务,包括短期借款、应付票据、应付账款、应付职工薪酬、应交税费、应付利润、预提费用等。**非流动负债**是指偿还期在一年或超过一年的一个营业周期以上的债务,有长期借款、应付债券、长期应付款等。

复习一下资产负债表的公式:

$$总资产 = 总负债 + 所有者权益$$

资产扣除负债就是净资产,所以**所有者权益**即股东权益,其实就是净资产。

在所有者权益科目下,有一个科目叫作**实收资本**,这实际上就是**股本**。比如股票面值是 1 元,总股本是 1 亿股,那么实收资本就是 1 亿元。如果股票发行价为 30 元,那么超出面值的 29 元就叫作**股本溢价**或者**资本溢价**,这 29 元将计入资本公积。**资本公积**,就是放置股东投入资本的地方。

盈余公积是利润留下来的,是继续扩大再生产的钱,法定盈余公积是政府强制股东留下来的,一般为净利润的 10%。企业净利润提取了盈余公积之后,剩下的利润就是未分配利润。企业可以利用盈余公积和未分配利润送红股，前提是有利润，送股后盈余公积不得低于注册资本的25%。

未分配利润不一定都是现金，公司手里的钱就是货币资金里的现金和现金等价物，未分配利润可能已经被公司挪用去投资了，比如变成了固定资产、土地厂房等，这点大家要注意。

6.2 可以被调整的利润表

普通投资者最常看的报表就是利润表，这张报表要比资产负债表简单得多，但是需要注意，利润表中的很多指标数据反映的情况并不一定是客观的事实。

前面讲过，**利润表**就是综合损益表，如表6-5所示，它反映企业今年赚了多少钱。我们经常会使用市盈率（PE）给企业估值，这时候就需要用到利润表中的每股收益。市盈利计算公式如下：

$$市盈率 = P/E$$

P是价格，E是每股收益，用以表现你的投资大概多少年能够通过公司的盈利收回。比如，在业绩不变的情况下，如果市盈率是10倍，那么你10年后就可以通过公司的业绩收回投资，如果市盈率是100倍，那么你100年后才能收回投资。

净利润的产生过程可以分为两步：第一步，从营业收入到营业利润；第二步，从营业利润到净利润。

表 6-5

利润表	2022-12-31	2021-12-31	2020-12-31	2019-12-31	2018-12-31
营业总收入	1276亿	1095亿	979.9亿	888.5亿	772.0亿
营业收入	1241亿	1062亿	949.2亿	854.3亿	736.4亿
利息收入	34.54亿	32.74亿	30.78亿	34.24亿	35.60亿
手续费及佣金收入	—	—	—	29.25万	87.74万
营业总成本	397.5亿	347.8亿	313.1亿	298.1亿	258.6亿
营业成本	100.9亿	89.83亿	81.54亿	74.30亿	65.23亿
利息支出	1.056亿	1.739亿	1.111亿	1.458亿	1.363亿
手续费及佣金支出	14.31万	11.51万	10.59万	7.318万	12.44万
研发费用	1.352亿	6192万	5040万	4869万	2195万
营业税金及附加	185.0亿	153.0亿	139.8亿	127.3亿	112.9亿
销售费用	32.98亿	27.37亿	25.48亿	32.79亿	25.72亿
管理费用	90.12亿	84.50亿	67.90亿	61.68亿	53.26亿
财务费用	-13.92亿	-9.345亿	-2.346亿	745.3万	-352.1万
其中:利息费用	—	—	—	1202万	1353万
其中:利息收入	14.75亿	9.446亿	2.787亿	2067万	1441万
资产减值损失	—	—	—	—	129.0万
其他经营收益					
加:公允价值变动收益	—	-224.5万	489.8万	-1402万	—
投资收益	6384万	5826万	30.56万	—	—
资产处置收益	21.32万	—	—	-3.212万	—
资产减值损失(新)	—	—	—	—	-129.0万
信用减值损失(新)	-1469万	-1302万	-7137万	-531.3万	—
其他收益	2451万	2052万	1314万	1877万	963.4万
营业利润	878.8亿	747.5亿	666.4亿	590.4亿	513.4亿
加:营业外收入	7085万	6899万	1105万	945.4万	1162万
减:营业外支出	2.489亿	2.918亿	4.492亿	2.684亿	5.270亿
利润总额	877.0亿	745.3亿	662.0亿	587.8亿	508.3亿
减:所得税	223.3亿	188.1亿	166.7亿	148.1亿	130.0亿
净利润	653.8亿	557.2亿	495.2亿	439.7亿	378.3亿
(一)按经营持续性分类					
持续经营净利润	653.8亿	557.2亿	495.2亿	439.7亿	378.3亿
(二)按所有权归属分类					
归属于母公司股东的净利润	627.2亿	524.6亿	467.0亿	412.1亿	352.0亿
少数股东损益	26.59亿	32.60亿	28.26亿	27.64亿	26.26亿
扣除非经常性损益后的净利润	627.9亿	525.8亿	470.2亿	414.1亿	355.9亿
每股收益					
基本每股收益	49.9300	41.7600	37.1700	32.8000	28.0200
稀释每股收益	49.9300	41.7600	37.1700	32.8000	28.0200
其他综合收益	224.1万	-768.7万	186.7万	-13.30万	33.99万
归属于母公司股东的其他综合收益	224.1万	-768.7万	186.7万	-13.30万	33.59万
综合收益总额	653.8亿	557.1亿	495.3亿	439.7亿	378.3亿
归属于母公司股东的综合收益总额	627.2亿	524.5亿	467.0亿	412.1亿	352.0亿
归属于少数股东的综合收益总额	26.59亿	32.60亿	28.26亿	27.64亿	26.26亿
审计意见(境内)	标准无保留意见	标准无保留意见	标准无保留意见	标准无保留意见	标准无保留意见

第一步是重点。举个例子，公司甲花 70 元买原材料，产生 30 元生产制造费用和 40 元税费，总费用是 140 元。公司乙打了一张 200 元的欠条把货拉走，这样甲公司的账户上就记录了 60 元的营业利润。按照 25% 的所得税率，缴纳 15 元所得税，净利润就是 45 元。但是实际情况是，这只是欠条，还没有实现真正的利润，因为欠条兑现是有风险的，所以不能直接算作利润。

实际上这种先发货、后收款的形式在资产负债表中是记在应收账款科目中的，也就是说这一部分销售收入还没有成为实际收入，在未来是有可能无法收回货款而成为坏账的，这就是利润表最大的问题。它是按照理论上会发生的收支计入报表的。

一家企业有三个方面的收入会计入营收，一是销售商品，二是提供劳务，三是让渡资产使用权，也就是出租。而确认收入是一个比较复杂的工作，这里有很多会计记账原则。大家记住：如果在牛市，大多数公司都会确认更多的收入进入财报，让公司市值更高；而在熊市，则会尽可能地掩盖一些收入，让业绩变得更糟。因为在熊市，即使业绩做得再好，投资者信心不强，也不会有很多人关注股市。

还有一部分收入就是**其他经营收益**，该部分收益包括公允价值变动收益、投资收益、联营企业和合营企业的投资收益，也就是跟别的公司合伙经营带来的收益。

公允价值变动，是指由于市场因素（如需求变化、商品自身价值的变化）产生买卖双方对价格的重新评估的过程，主要是指交易性金融资产，受市场因素影响导致价值发生变化。

投资收益，是指企业对外投资所得的收入（所发生的损失为负数），如企业对外投资取得股利收入、债券利息收入，以及与其他单位联营所分得的利润等。

毛利率，这个数据也是比较重要的，但是并没有直接反应在利润表中，而是在主要指标里面显示的，如表6-6所示。

表6-6

600519 贵州茅台	最新价: 1797.69	涨跌: 42.69	涨跌幅: 2.43%	换手: 0.30%	总手: 37918	金额: 67.42亿
操盘必读	股东研究	经营分析	核心题材	资讯公告	公司大事	公司概况	同行比较
盈利预测	研究报告	财务分析	分红融资	股本结构	公司高管	资本运作	关联个股

主要指标 | 杜邦分析 | 资产负债表 | 利润表 | 现金流量表 | 百分比报表

注: 点击表格内的指标名称可切换图片查看该指标的历史趋势

| 按报告期 按单季度 | | | | | | 全部 年报 三季报 中报 一季报 |

	23-03-31	22-12-31	22-09-30	22-06-30	22-03-31	21-12-31	21-09-30	21-06-30	21-03-31
归属净利润滚动环比增长(%)	5.66	5.24	3.46	3.32	6.27	4.63	2.84	2.51	1.84
扣非净利润滚动环比增长(%)	5.63	5.32	3.33	3.29	6.23	4.18	3.02	2.43	1.73
盈利能力指标	23-03-31	22-12-31	22-09-30	22-06-30	22-03-31	21-12-31	21-09-30	21-06-30	21-03-31
净资产收益率(加权)(%)	10.00	30.26	21.91	14.57	8.70	29.90	21.68	14.20	8.29
净资产收益率(扣非/加权)(%)	---	30.29	---	14.56	---	29.97	---	14.19	---
总资产收益率(加权)(%)	8.40	25.66	18.42	12.57	7.09	23.78	18.07	12.30	6.89
毛利率(%)	92.60	91.87	91.87	92.11	92.37	91.54	91.19	91.38	91.68
净利率(%)	55.54	52.68	53.14	53.99	55.59	52.47	53.02	53.99	54.17
收益质量指标	23-03-31	22-12-31	22-09-30	22-06-30	22-03-31	21-12-31	21-09-30	21-06-30	21-03-31
预收账款/营业总收入	---	---	---	---	---	---	---	---	---
销售净现金流/营业总收入	0.923	1.134	1.102	1.061	0.975	1.124	1.064	1.024	0.818
经营净现金流/营业总收入	0.135	0.296	0.108	-0.213	0.603	0.492	0.442	-0.054	
实际税率(%)	25.00	25.46	25.30	25.30	25.23	25.24	25.13	25.23	25.00

营业总成本包括营业成本、营业税金及附加、销售费用、管理费用、财务费用和资产减值损失。其中营业成本比较重要，主要包括两部分，一是产品成本，二是劳务成本。比如一个饭馆，卖一盘拍黄瓜，黄瓜的成本（产品成本）和厨师的成本（劳务成本）就计入在这里。

销售费用、管理费用、财务费用,俗称"三费",是重点费用。

销售费用是销售产品所产生的费用,比如广告费、促销费、保险运输费、装卸费、销售人员的返点,等等。

管理费用包含管理者的工资福利、工会经费、职工教育培训和行政开支。管理费用包括的费用比较杂,通常不知道该如何计入报表的费用,都会被记在管理费用中。

财务费用主要就是利息和手续费,简单了解就好。

资产减值损失,就是在投资亏损或者产生坏账时才会计提的减值损失。

营业利润=(主营业务收入-主营业务成本)+(其他业务收入-其他业务成本)-营业费用-管理费用-财务费用-增值税-税金及附加-资产减值损失+(公允价值变动收益-公允价值变动损失)+(投资收益-投资损失),利润表的核心就是营业利润。这是一个企业的核心价值,可以理解为——它最终能赚多少钱。

单看营业利润并不直观,更重要的是看营业利润率,也就是营业利润除以营业总收入。之后跟同行业公司进行对比,如果营业利润率比同行业其他公司高,就说明这个公司在行业里的竞争力很强。

净利润是扣除所有成本和支出之后剩下的钱,这很好理解,就是营业利润加上其他营业外的收支净额,交完税之后剩下的钱。

营业外收入是一些偶然发生的收入，比如 2016 年联想为了粉饰收入，卖了一栋楼，加上卖楼的收入之后净利润大增。当然这只是财务手段，公司运营并没有改变什么。专业投资者通常都会把这些营业外收入剔除掉，因为这种收入是不可持续的。

华尔街有一句名言："厨房里不会只有一只蟑螂。"一旦发现一只蟑螂，那么可能还会有更多，一家公司如果通过利用财务技巧增加营业外收入来粉饰报表，则问题绝不止卖楼增加收入那么简单，可能还会有更多的问题，只是暂时没有"暴雷"而已。

我们在实操的过程中不需要查看利润表的每一项，主要看四项就够了。

第一，看营业额收入的增长。一般增长分为三类：潜在需求增长、市场份额扩大、价格提升。

潜在需求增长主要是看公司未来发展的潜力。

市场份额扩大很可能是因为抢占同行的市场份额，这很可能会引发价格战，导致市场动荡。

价格提升，如果价格提升带来营业收入增长，那么同行的市场价格需要保持水平，如果单方面提价，就需要考虑公司产品的市场替代性强不强，如果产品替代性强，则提价后客户易丢失。

营业收入增长主要从两个维度来考察，一是纵向跟自己对比，二是横向跟同行对比。因为我们最终选择是否投资是要看公司在同行业的实力的，毫无疑问，我们肯定要选择同行业中的头部公司进行投资。

同样，对于增长来说，我们需要理性、合理的预期，比如从30%提高到60%可能很容易，但是从60%提高到70%却很难。

当高速增长期过了之后，就会遭遇瓶颈，再增长的阻力就会变得很大。

第二，看毛利率，如表6-7所示，毛利率=（销售收入-销售成本）/销售收入×100%，毛利率越大，公司利润越高。

表 6-7

毛利率高说明公司具备很强的市场竞争优势，我建议大家可以不用太关注毛利率低于40%的公司，因为毛利率低意味着替代性强，而替代性太强的企业，一般没有护城河，很难基业长青，这可能就无法长期投资，如果无法长期投资，我们却要用长期投资的方式去分析它，也就没有意义了。

毛利率是一个很值得参考的指标，即使是股神巴菲特，放弃毛利率指标也会损失惨重。2006年巴菲特首次买入英国超市运营商特易购的股票，并一路增持到5%，成为公司第三大股东，这是一个毛利率很低的行业。到2014年，巴菲特已经亏损超过7亿元，最后割肉离场。

再比如贵州茅台，毛利率很高，接近93%，可以理解为每销售1000元的产品就赚930元。也就是说即使产品涨价，等着买的人还是很多。

毛利率低的企业也不是不能生存，只是需要以量来补价，这样就会生存得很艰难，而且抵御风险的能力也比较弱。

第三，看费用率，也就是三费（销售费用、管理费用、财务费用）占营业总收入的比例，这个指标反映的是公司的管理水平。费用率高和费用率剧烈变化的公司，说明管理混乱，不具备可持续性，企业的营收基本都是靠不断地向市场"砸钱"换来的客户。这种情况下如果企业遭遇资金困难无法继续"砸钱"，那么获客就无法保证，营收就会面临困境。

比如现在的很多游戏公司，看起来收入不错，但费用极高，就是因为在各大流量入口上大比例投放广告所导致的。一旦减少流量推广，收入可能就会下降。

此外，还要关注管理费用，企业经常用管理费用来调节收入，可能实际情况是微亏损，通过少记管理费用来保持微弱盈利。这种做法可以使报表在短期内不出问题，但是时间一长，积重难返，就会"暴雷"。

有一个实战方法，可以帮助我们进行公司筛选，就是把销售费用、管理费用和财务费用加在一起除以毛利润，如果结果小于 30%，则说明这个公司还不错。如果结果超过 70%，说明这个公司大概率存在问题，就不用关注了。

第四，看营业利润率，该指标的计算方法就是营业利润除以营业收入，这是利润表里最重要的一项指标，数值越大越好。

比如茅台，毛利率接近 93%，营业利润率达到 70%，目前在 A 股所有的上市公司中，茅台的赚钱能力遥遥领先。

6.3 公司的生命线——现金流量表

本节我们学习公司的生命线——现金流量表，如表 6-8 所示。

为什么说现金流量表是公司的生命线呢？因为对于公司来说，没有利润不是最可怕的，最可怕的是没有现金。比如亚马逊公司（Amazon）一直存在利润低的问题，但其股价依然在 20 年时间里涨了几百倍。

之所以把现金单独做成一张表，主要是因为现金可以作为资产或者负债存在，而不同身份又有本质的不同，比如一家公司年初账户上有 1000 万元现金，到了年末变成 5000 万元现金，它增加了 4000 万元，这一定是资产增加了吗？如果是借来的钱呢？那就是负债！

表 6-8

现金流量表	2022-12-31	2021-12-31	2020-12-31	2019-12-31	2018-12-31
经营活动产生的现金流量					
销售商品、提供劳务收到的现金	1407亿	1193亿	1070亿	949.8亿	842.7亿
客户存款和同业存放款项净增加额	-89.16亿	75.11亿	31.89亿	-4.374亿	10.10亿
收取利息、手续费及佣金的现金	32.48亿	31.46亿	30.76亿	36.68亿	34.45亿
收到的税收返还	3319万	—	—	—	—
收到其他与经营活动有关的现金	27.59亿	16.44亿	2.214亿	12.34亿	6.216亿
经营活动现金流入小计	1378亿	1316亿	1135亿	994.4亿	893.5亿
购买商品、接受劳务支付的现金	83.59亿	77.46亿	72.31亿	55.22亿	52.99亿
客户贷款及垫款净增加额	7.239亿	4.842亿	29.79亿	1300万	300.0万
存放中央银行和同业款项净增加额	130.4亿	5.991亿	-25.06亿	-45.03亿	9.207亿
支付利息、手续费及佣金的现金	7923万	1.635亿	1.072亿	1.754亿	1.171亿
支付给职工以及为职工支付的现金	117.5亿	100.6亿	81.6亿	78.70亿	66.53亿
支付的各项税费	620.4亿	446.1亿	416.2亿	398.4亿	320.3亿
支付其他与经营活动有关的现金	51.29亿	43.69亿	40.47亿	53.15亿	29.36亿
经营活动现金流出的其他项目	—	-4.000亿	-2.000亿	-2.000亿	—
经营活动现金流出小计	1011亿	675.9亿	618.4亿	542.3亿	479.6亿
经营活动产生的现金流量净额	367.0亿	640.3亿	516.7亿	452.1亿	413.9亿
投资活动产生的现金流量					
收回投资收到的现金	—	608.0万	3.149亿	—	—
取得投资收益收到的现金	586.0万	86.00万	—	—	—
处置固定资产、无形资产和其他长期资产收回的现金净额	35.51万	246.3万	49.59万	3.808万	—
收到其他与投资活动有关的现金	497.2万	998.3万	667.5万	732.1万	1124万
投资活动现金流入小计	1121万	1939万	3.221亿	735.9万	1124万
购建固定资产、无形资产和其他长期资产支付的现金	53.07亿	34.09亿	20.90亿	31.49亿	16.07亿
投资支付的现金	2.100亿	21.50亿	2000万	—	—
支付其他与投资活动有关的现金	3149万	2305万	1754万	2418万	3346万
投资活动现金流出小计	55.49亿	55.82亿	21.27亿	31.73亿	16.40亿
投资活动产生的现金流量净额	-55.37亿	-55.62亿	-18.05亿	-31.66亿	-16.29亿
筹资活动产生的现金流量					
吸收投资收到的现金	—	—	—	8.330亿	—
其中:子公司吸收少数股东投资收到的现金	—	—	—	8.330亿	—
筹资活动现金流入小计	—	—	—	8.330亿	—
分配股利、利润或偿付利息支付的现金	573.7亿	264.8亿	240.9亿	201.2亿	164.4亿
其中:子公司支付给少数股东的股利、利润	26.19亿	22.40亿	27.04亿	18.54亿	26.24亿
支付其他与筹资活动有关的现金	5433万	8812万	3651万	—	—
筹资活动现金流出小计	574.2亿	265.6亿	241.3亿	201.2亿	164.4亿
筹资活动产生的现金流量净额	-574.2亿	-265.6亿	-241.3亿	-192.8亿	-164.4亿
汇率变动对现金及现金等价物的影响	91.11万	-202.7万	38.06万	2.724万	2.901万
现金及现金等价物净增加额	-262.6亿	319.0亿	257.4亿	227.6亿	233.2亿
加:期初现金及现金等价物余额	1786亿	1467亿	1210亿	982.4亿	749.3亿
期末现金及现金等价物余额	1524亿	1786亿	1467亿	1210亿	982.4亿
补充资料					
净利润	653.8亿	557.2亿	495.2亿	439.7亿	378.3亿
资产减值准备	—	—	—	531.3万	129.0万
固定资产和投资性房地产折旧	14.44亿	13.45亿	11.96亿	11.50亿	10.85亿
其中:固定资产折旧、油气资产折耗、生产性生物资产折旧	14.44亿	13.45亿	11.96亿	11.50亿	10.85亿
无形资产摊销	1.550亿	1.241亿	1.103亿	8326万	8043万
长期待摊费用摊销	1149万	1069万	1056万	1033万	1033万
处置固定资产、无形资产和其他长期资产的损失	-21.32亿	—	—	3.212万	—
固定资产报废损失	2078万	1192万	10.01万	47.84万	180.9万
公允价值变动损失	—	224.5万	-489.8万	1402万	—
财务费用	1202万	1353万	—	—	—
投资损失	-6384万	-5826万	-30.56万	—	—
递延所得税	-12.22亿	-11.11亿	-9451万	-5440万	3.525亿
其中:递延所得税资产减少	-12.22亿	-11.14亿	-2328万	-5089万	3.525亿
递延所得税负债增加	—	-145.8万	-7124万	-350.5万	—
存货的减少	-54.30亿	-45.25亿	-35.84亿	-17.78亿	-14.49亿
经营性应收项目的减少	-150.5亿	5.043亿	-5.040亿	34.25亿	5.257亿
经营性应付项目的增加	-80.45亿	118.6亿	49.45亿	-16.15亿	-29.02亿
经营活动产生的现金流量净额	367.0亿	640.3亿	516.7亿	452.1亿	413.9亿
现金的期末余额	1524亿	1786亿	1467亿	1210亿	982.4亿
减:现金的期初余额	1786亿	1467亿	1210亿	982.4亿	749.3亿
现金及现金等价物的净增加额	-262.6亿	319.0亿	257.4亿	227.6亿	233.2亿
审计意见(境内)	标准无保留意见	标准无保留意见	标准无保留意见	标准无保留意见	标准无保留意见

负债到第二年就会产生利息，如果公司拿这些钱赚不回利息，那么利息就变成了亏损，现金流量表就是告诉我们，公司的现金是怎么来的。

经营活动现金流入，主要是销售商品或者提供劳务产生现金和收到税费返还的钱，还有收到其他与公司业务经营无关的钱，比如出租等。

经营活动现金流出，是指购买商品、接受劳务、支付应付款，支付职工工资、奖金及各种津贴，支付各种税费、租金等。

投资活动现金流入流出，以及筹资活动的现金流入流出，就是投资产生的**收益亏损**。

从投资活动的现金流净流量能看出公司所处的阶段，如果一家公司总是花钱投资，就属于扩张阶段。如果一家公司投资活动现金流是往回流的，是正数，那么说明这家公司的扩张已经放缓，属于收缩阶段。

我们通过巴菲特的著名的自由现金流概念来深度理解一下。

自由现金流，是指公司经营活动赚来的钱，扣除那些为了维持公司盈利能力而必须再投资的钱后剩余的钱。自由现金流是一个公司的股东在不伤及公司获利能力的前提下能够拿走的回报，巴菲特说，这是企业唯一真实的价值。

举一个生活化的例子,假如你一个月的工资是 1 万元,各项费用扣除之后拿到手是 7700 元,租房费用为 3000 元,吃饭费用为 2000 元,其他费用为 2000 元,剩下能够自由支配的钱是 700 元,那么这 700 元就是自由现金流。

公司的自由现金流非常重要,表示公司有多少现金可以用,它等于经营活动现金流净额、投资活动产生的现金流净额及筹资活动现金流净额三者相加的和。

比如,某火锅店的经营收入是 100 万元,老板拿 100 万元投资净赚了 20 万元,同时他找老王借了 90 万元,并还给老李 100 万元。那么 100 万元(经营活动现金流净额)+20 万元(投资活动产生的现金流量净额)+(90 万元-100 万元)(筹资活动现金流净额)=110 万元,就是企业的自由现金流。

注意,自由现金流对于快速扩张下的公司不适用,因为它们是在扩张规模而不是在维持收支。

公司的现金流主要有以下四种类型。

第一种,经营现金流、投资现金流、筹资现金流都是正向流入的公司,公司本身赚钱,投资又有收益,而且还向别人借钱,这种类型的公司需要特别注意。

这类公司可能随时要开展一场大规模的投资活动,比如投给一家空壳公司 1 亿元,本金一直在空壳公司,空壳公司每年向该公司支付 100 万元利息,该公司对外公布说赚了 100 万元。实际上 1 亿元早就被掏空了，就算这家公司还能活 60 年，也只能收到 6000 万元利息。并且这家公司很可能突然发布公告说，这笔投资遭遇"黑天鹅"亏损严重，血本无归。

第二种，经营流入、投资流入、筹资流出的公司。公司不仅主业盈利，而且投资也盈利，说明公司整体盈利能力很好。筹资活动现金流出有两种可能，要么用于偿还债务，要么用于回报股东分红，如果用于分红，则说明这家公司确实不错，符合价值投资的标准。

第三种，经营流入、投资流出、筹资流入的公司。公司能够实现盈利，盈利之后再扩张，说明公司看好未来的发展，而且能够筹集资金，也说明了公司未来发展被资本看好。

第四种，经营流入、投资流出、筹资流出的公司，公司主业能够盈利，还能够持续地扩大投资，同时分红回报股东，如果这种状态可以持续，就属于比较好的公司类型。公司经营收入能够覆盖对外投资和分红，盈利增长不一定很快，但是能够持续地增长，股东每年能够得到分红，享受到公司发展的红利。

我们在选择投资标的时，对于现金流量表的数据，主要关注以下五组即可。

（1）经营活动现金流量净额大于净利润，并且大于零。

（2）销售商品、提供劳动收入的现金大于营业收入。这里解释一下，前者要包括收回来的欠款和下一期预收款，也就是新的欠款。

如果往期收回欠款多，那么说明公司的回款能力强，营收只算作当期收入。如果当期收入加上回款再减去新的欠款，结果大于营收，那么说明公司的回款能力强，坏账少。

（3）投资活动的现金流净流量小于零，且投资对象主要为新项目。

（4）现金及现金等价物净增加额大于零，或者排除分红因素后该科目仍然大于零。

（5）期末现金及现金等价物余额大于有息负债。

6.4　活学活用，三张表一起看

6.4.1　三张表之间的联系与区别

投资者要学会分析三张表之间的联系与区别，下面我们以贵州茅台公司（下面简称"茅台"）的日常经营活动为例进行说明。

茅台从一个农场主处收购了一批高粱，这批高粱应该支付1000万元，但是茅台和农场主约定，三个月之后再支付这笔货款，这就会引起财务报表的变化。

高粱是生产白酒的原料之一，所以茅台资产负债表里的存货应该增加。按照资产负债表的恒等式：资产=负债+所有者权益，如果资产这一边增加，那么为了使等式成立，负债和所有者权益一边也应该增加。

因为这笔存货没有付款，所以产生了应付账款，应付账款属于负债，所以应付账款增加1000万元。在这个业务里，并没有发生真正的现金流，所以不影响现金流量表，既没有涉及经营方面，也没有引起利润表的变化。

因此，只有资产负债表有变化，存货增加1000万元，应付账款增加1000万元。

茅台采购了一批新设备，这批设备价值100万元，并且支付了100万元的银行存款。如果按5年折旧，假设不产生残值，也就是5年后这批设备一文不值，那么每年折旧20万元。这又会导致财务报表发生怎样的变化呢？

由于购买的物品是设备，设备的使用期限很长，价值很高，因此这是一笔固定资产。在资产负债表中固定资产增加100万元，同时由于本次采购使用银行存款支付，所以资产负债表中货币资金减少100万元。

只要涉及现金就会影响现金流量表，购买设备属于投资活动，购建固定资产、无形资产及其他长期资产都需要支付现金，这个项目现金流出100万元。

到了第二个月，这台设备要开始计算折旧，每年计提折旧 20 万元，并且折旧需要入账，这会对财务报表产生哪些影响呢？

由于该设备的折旧是计提折旧，没有产生任何现金流的变化，所以与现金流量表无关。

折旧产生 20 万元，固定资产跟着减少 20 万元，根据资产负债表的恒等式：资产=负债+所有者权益，如果资产减少，则等式右边一定也会减少。这里没有产生负债，所以影响的项目是所有者权益。

我们假设这台设备是生产车间使用的，在生产的产品卖出去后，这笔折旧就会计入营业成本。

总结一下，计提折旧影响了资产负债表，固定资产减少 20 万元，所有者权益减少 20 万元，在产品卖出去以后影响利润表，营业成本增加 20 万元（这就是所有者权益损失的 20 万元）。

销售部门的小张出差回来后，报销了差旅费用 4000 元，这件事情对财务报表会产生什么影响呢？

销售部门出差产生的费用也会记到销售费用一栏中，销售费用属于利润表中的栏目，影响了利润表，也就影响了资产负债表的所有者权益。

这次报销支付了公司的现金，因此货币资金减少 4000 元。在财务记账时，经营活动中的"支付其他与经营活动有关的现金"这一项记现金流出 4000 元。

总结一下，小张出差报销，同时影响了三张报表。

利润表增加了销售费用 4000 元；资产负债表的资产端货币资金减少 4000 元，所有者权益减少 4000 元；现金流量表的经营活动中"支付其他与经营活动有关的现金"这一项现金流出 4000 元。

之前赊账购买的高粱，到了支付货款的时间，茅台按照约定给农场主支付 1000 万元现金，这件事情对财务报表的影响是怎样的呢？

答案是，由于茅台支付了现金，所以影响了现金流量表。因为购买原材料是与日常经营活动有关的，所以它属于经营活动中的"购买商品、接收劳务支付的现金"这一项，现金流出 1000 万元。

由于现金流量表有变化，所以资产负债表也会跟着变化，货币资金减少 1000 万元，同时负债也跟着减少，应付账款减少 1000 万元。

茅台提前收到一笔预定白酒的货款 10 亿元现金，这件事对财务报表有什么影响呢？

答案是由于茅台收到了现金，所以会影响现金流量表。记经营活动中的"销售商品、提供劳务收到的现金"一项现金流入 10 亿元。

此时，现金流量表有变化，货币资金增加 10 亿元。由于这是预收的货款，所以负债中的预收账款增加 10 亿元。

茅台卖出一批白酒，实现营业收入 100 亿元，扣除之前收到的

10亿元预收款，实际收到现金90亿元，这件事如何影响财务报表呢？

答案是实现营业收入100亿元，影响了现金流量表；营业收入增加了100亿元，影响了资产负债表；货币资金增加了90亿元，同时所有者权益增加了90亿元，也影响了现金流量表；经营活动中的"销售商品、提供劳务收到的现金"一项现金流入90亿元，因此三张报表都发生了变化。

茅台给股东实行分红，分红金额为50亿元，这件事影响了财务报表的哪些内容呢？

答案是，实施分红影响了现金流量表的筹资活动，筹资活动中的"分配股利、利润或偿付利息所支付的现金"一项现金流出50亿元；同时资产负债表中的货币资金减少50亿元，所有者权益相应减少50亿元。

通过以上这些示例的学习，相信大家对财务报表中的三张表之间的联系和区别应该更清晰了。

6.4.2 分析茅台的现金流量表

我们一起详细地分析一下茅台的现金流量表。

第一步，看公司的经营活动，如表6-9中的②所示，我们要观察经营活动产生的现金流量净额是否为正数，相比去年有没有增长。

表 6-9

600519 贵州茅台	最新价: 1729.07	涨跌: -0.90	涨跌幅: -0.05%	换手: 0.02%	总手: 2454	金额: 4.247亿
操盘必读	股东研究	经营分析	核心题材	资讯公告	公司大事	公司概况	同行比较
盈利预测	研究报告	财务分析	分红融资	股本结构	现金流量表	资本运作	关联个股

| 主要指标 | 杜邦分析 | 资产负债表 | 利润表 | 现金流量表 | 百分比报表 |

经营活动产生的现金流量					
销售商品、提供劳务收到的现金	357.6亿	1407亿	960.3亿	611.6亿	314.9亿
客户存款和同业存放款项净增加额	-50.13亿	-89.16亿	-133.7亿	-50.26亿	-98.65亿
收取利息、手续费及佣金的现金	8.549亿	32.48亿	24.95亿	18.00亿	8.544亿
收到的税收返还	—	3319万	—	—	—
收到其他与经营活动有关的现金	3.480亿	27.59亿	18.98亿	17.23亿	9.355亿
经营活动现金流入小计	319.5亿	1378亿	870.5亿	596.5亿	234.1亿
购买商品、接受劳务支付的现金	29.10亿	83.58亿	65.61亿	45.33亿	26.56亿
客户贷款及垫款净增加额	1.147亿	7.238亿	2683万	6100万	6400万
存放中央银行和同业款项净增加额	-20.93亿	130.4亿	104.5亿	112.5亿	28.06亿
支付利息、手续费及佣金的现金	1172万	7923万	6564万	5086万	1830万
支付给职工以及为职工支付的现金	63.55亿	117.5亿	94.95亿	73.36亿	54.32亿
支付的各项税费	171.8亿	620.4亿	481.9亿	341.1亿	185.0亿
支付其他与经营活动有关的现金	22.30亿	51.23亿	28.87亿	23.32亿	8.085亿
经营活动现金流出小计	267.1亿	1011亿	776.4亿	596.7亿	302.9亿
经营活动产生的现金流量净额	52.45亿	367.0亿	94.05亿	-1116万	-68.76亿
投资活动产生的现金流量					
收回投资收到的现金	20.00亿	—	—	—	—
取得投资收益收到的现金	1.277亿	588.0万	—	—	—
处置固定资产、无形资产和其他长期资产收回的现金净额	…	…	…	…	…

可以看到，茅台 2023 年第一季度经营活动现金流量净额为正，金额为 52.45 亿元。可是我们发现，同比竟然下降了很多！

这是因为，一季度支付了更多的税费，给员工支付了更多的工资，如表 6-9 中的①所示，这些是正常的支出，茅台的经营活动的现金流入并没有受到影响。

第二步，看投资活动，如表 6-10 所示。在投资活动中，我们主要看茅台的投资去向，通过比较资本开支的金额与经营活动产生的现金流量净额，来判断支出的金额是否过大。然后，可以计算一下自由现金流，与历年的数据进行比较。

表 6-10

600519 XD贵州茅	最新价:1691.00	涨跌:3.20	涨跌幅:0.19%	换手:0.16%	总手:20459	金额:34.73亿
操盘必读	股东研究	经营分析	核心题材	资讯公告	公司大事	公司概况	同行比较
盈利预测	研究报告	财务分析	分红融资	股本结构	公司高管	资本运作	关联个股

主要指标 | 杜邦分析 | 资产负债表 | 利润表 | 现金流量表 | 百分比报表

存放中央银行和同业款项净增加额	-20.93亿	130.4亿	104.5亿	112.5亿	28.06亿
支付利息、手续费及佣金的现金	1172万	7923万	6564万	5086万	1830万
支付给职工以及为职工支付的现金	63.55亿	117.5亿	94.55亿	73.36亿	54.32亿
支付的各项税费	171.8亿	620.4亿	481.9亿	341.1亿	185.0亿
支付其他与经营活动有关的现金	22.30亿	51.23亿	28.87亿	23.32亿	8.085亿
经营活动现金流出小计	267.1亿	1011亿	776.4亿	596.7亿	302.9亿
经营活动产生的现金流量净额	52.45亿	367.0亿	94.05亿	-1116万	-68.76亿
投资活动产生的现金流量					
收回投资收到的现金	20.00亿	—	—	—	—
取得投资收益收到的现金	1.277亿	588.0万	—	—	—
处置固定资产、无形资产和其他长期资产收回的现金净额	8776	35.51万	23.40万	22.13万	13.82万
收到的其他与投资活动有关的现金	45.90万	497.2万	479.1万	391.2万	257.3万
投资活动现金流入小计	21.28亿	1121万	502.5万	413.3万	271.1万
购建固定资产、无形资产和其他长期资产支付的现金	9.058亿	53.07亿	26.39亿	16.86亿	12.23亿
投资支付的现金	9.995亿	2.100亿	1000万	—	—
支付其他与投资活动有关的现金	439.1万	3149万	2719万	2307万	1963万
投资活动现金流出小计	19.10亿	55.46亿	26.76亿	17.10亿	12.49亿
投资活动产生的现金流量净额	2.185亿	-55.37亿	-26.71亿	-17.05亿	-12.40亿
筹资活动现金流入小计					

我们会发现，在投资活动中，金额较大的一项是资本开支。

资本开支包括购建固定资产、无形资产及其他长期资产，所支付的现金达 9.06 亿元，与一季度经营活动现金流的净额 52.45 亿元相比还是很小的。而且对比去年一季度的 12.23 亿元的支付金额，9 亿元的金额完全是正常的，并没有支出过大。

第三步，我们对比一下过去几年的自由现金流情况，如表 6-11 所示。

表 6-11

第四步，查看公司的筹资活动，如表 6-12 所示，分析公司的借款金额是否过大，相比往年变化是否很大，公司分红的金额是否稳定。

表 6-12

可以看到，贵州茅台一季度的筹资活动占比很小，只有支付流出 2312 万元，与之前的数据相比这属于正常范畴。

第五步，看公司的经营活动现金流量净额，是否能够覆盖投资活动和筹资活动现金流量净额。

现金及现金等价物的净增加额为 52.45 亿元，如表 6-13 所示，可见茅台一季度的经营活动的现金流入大于投资活动和筹资活动的现金流出。

表 6-13

600519 贵州茅台	最新价: 1797.69	涨跌: 42.69	涨跌幅: 2.43%	换手: 0.30%	总手: 37918	金额: 67.42亿
操盘必读	股东研究	经营分析	核心题材	资讯公告	公司大事	公司概况	同行比较
盈利预测	研究报告	财务分析	分红融资	股本结构	公司高管	资本运作	关联个股
主要指标	杜邦分析	资产负债表	利润表	现金流量表	百分比报表
经营活动产生的现金流量					
销售商品、提供劳务收到的现金	357.6亿	446.6亿	348.7亿	296.7亿	314.9亿
客户存款和同业存放款项净增加额	-50.1亿	44.59亿	-83.49亿	48.39亿	-98.05亿
收到利息、手续费及佣金的现金	8.549亿	7.527亿	6.947亿	9.459亿	8.544亿
收到其他与经营活动有关的现金	3.480亿	8.610亿	1.753亿	7.877亿	9.355亿
经营活动现金流入小计	319.5亿	507.7亿	273.9亿	362.4亿	234.1亿
购买商品、接受劳务支付的现金	29.10亿	17.97亿	20.28亿	18.77亿	26.56亿
客户贷款及垫款净增加额	1.147亿	6.969亿	-3417万	-300.0万	6400万
存放中央银行和同业款项净增加额	-20.9亿	25.85亿	-7.952亿	84.4亿	28.06亿
支付利息、手续费及佣金的现金	1172万	1359万	1478万	3257万	1830万
支付给职工以及为职工支付的现金	63.55亿	22.97亿	21.19亿	19.04亿	54.32亿
支付的各项税费	171.8亿	138.5亿	140.9亿	156.0亿	185.0亿
支付其他与经营活动有关的现金	22.30亿	24.97亿	5.552亿	15.23亿	8.085亿
经营活动现金流出小计	267.1亿	234.8亿	179.8亿	293.8亿	302.9亿
经营活动产生的现金流量净额	52.45亿	272.9亿	94.17亿	68.65亿	-68.76亿
投资活动产生的现金流量					
收回投资收到的现金	20.00亿	—	—	—	—
取得投资收益收到的现金	1.277亿	—	—	—	—
处置固定资产、无形资产和其他长期资产收回的现金净额	8776	12.11亿	1.274万	8.309万	13.82亿

至此，我们就把茅台的现金流量表看完了。

6.5 如何看一家公司的财报

想要了解一家公司的基本面情况,就离不开它的财报数据。特别是上市公司的年报,是必须要看的。

6.5.1 年报的主要框架

大公司的年报往往有几百页,如果每个字都看,很耗费时间,也没有必要。对我们投资者来说,年报涉及的内容很全面,不需要从头到尾看一遍,只需要从中挑选出对我们有用的关键信息。

首先,我们要了解一份上市公司年报的主要框架。

一般来说,一份年报大致分为 12 章,基本上每个公司的结构都是统一的,也有分为 11 章或者 13 章的,但基本框架都类似。

这些章节大概分为四个部分。

第一部分包括前三章。主要内容有目录、释义、提示、公司简介、财务指标和业务概要。

这一部分会展示会计事务所出示的意见,如果你看到了审计师出具的《标准无保留意见》,就说明这份财报值得解读。

简介和指标都是粗略的数据,业务概览主要看产品、经营模式、行业发展和业绩驱动要素、生命周期、行业地位竞争力、资产变动情况等。

第二部分是中间三章,主要内容有经营情况、重要事项和股东情况。

其中**经营情况**较为重要,涉及收入、费用、成本、研发投入、现金流,以及大客户信息,可以作为财报数据的重要组成版块,看财报要重点关注这部分内容。

战略与经营计划风险等信息基本了解即可,这是公司未来收入增长的目标;企业会把财报中最重要的内容罗列在重要事项中,主要包含利润分配预案、会计政策和重大关联交易等。

第三部分是接下来的三章,主要包含董事、监视高管、公司治理、债券等内容。

这部分具体呈现的内容是任职高管年薪、履历等,这一项内容从投资角度看,有时可以用于"排雷"。

比如,某家科技公司的高管团队全是财务出身,员工结构中研发人员占比极小,几乎主要是销售人员,这就需进一步注意,可能公司只是打着科技之名,并无科技之实。

第四部分就是最后两章,主要包含财务报告和备查文件。

财务报告包含三个方面:审计报告、会计报表和会计报表附注。

会计报表中包括资产负债表、利润表和现金流量表,一共有六份,分为母公司财报与合并财报。

财报的内容框架基本就是这样的。

关于查看财报的渠道，常用的官方渠道有上交所和深交所官网、巨潮资讯网等，点开这些网站的首页，在搜索框里输入上市公司名称，检索就可以查到。像同花顺、东方财富网等其他第三方财经信息平台也会同步发布。

下面我们以万科 2021 年财报为例，分析如何看一份财报。

6.5.2　分析"重要提示"

我们要学会分析年报中的"重要提示"。

看会计事务处审计给出的评语，是不是"标准无保留意见"，如图 6-3 所示。如果是，就可以继续看下去；如果不是这个评语，那这份财报就没有必要看了。

重要提示

本公司董事会、监事会及董事、监事、高级管理人员保证2021年度报告（以下简称"本报告"）内容的真实性、准确性和完整性，不存在虚假记载、误导性陈述或者重大遗漏，并承担个别和连带的法律责任。本报告已经公司第十九届董事会第十五次会议（以下简称"本次会议"）审议通过。所有董事均亲自出席了本次会议。

本报告之财务报告已经毕马威华振会计师事务所（特殊普通合伙）审计并出具了**标准无保留意见**的审计报告。

董事会主席郁亮，执行副总裁、财务负责人韩慧华声明：保证本报告中财务报告的真实、准确和完整。

公司2021年度分红派息预案：以实施分红派息时股权登记日的总股本为基数，2021年度拟合计派发现金股息人民币11,276,621,873.75元（含税），占公司2021年合并报表中归属于上市公司股东的净利润的比例为50.06%，不送红股，不以公积金转增股本。如以2021年末公司总股份数11,625,383,375股计算，每10股派送人民币9.70元（含税）现金股息，如公司在分红派息股权登记日之前发生增发、回购、可转债转增股本等情形致分红派息股权

图 6-3

为什么这么说呢？“标准无保留意见”的意思是，会计师事务所愿意为上市公司的这份财报的真实性做担保。如果会计师事务所没有这样下评语，就意味着财报的真实性有待考证。

6.5.3 分析“致股东信”

下面我们看一封万科的致股东信，如图 6-4 所示。

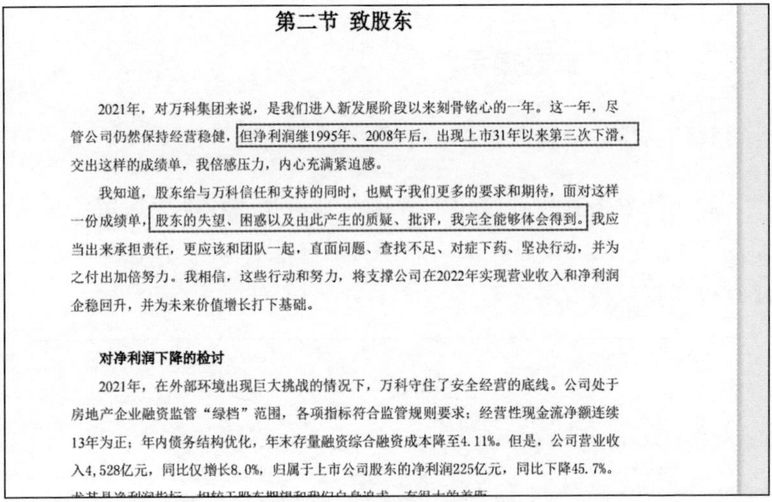

第二节 致股东

2021年，对万科集团来说，是我们进入新发展阶段以来刻骨铭心的一年。这一年，尽管公司仍然保持经营稳健，但净利润继1995年、2008年后，出现上市31年以来第三次下滑，交出这样的成绩单，我倍感压力，内心充满紧迫感。

我知道，股东给与万科信任和支持的同时，也赋予我们更多的要求和期待，面对这样一份成绩单，股东的失望、困惑以及由此产生的质疑、批评，我完全能够体会得到。我应当出来承担责任，更应该和团队一起，直面问题、查找不足、对症下药、坚决行动，并为之付出加倍努力。我相信，这些行动和努力，将支撑公司在2022年实现营业收入和净利润企稳回升，并为未来价值增长打下基础。

对净利润下降的检讨

2021年，在外部环境出现巨大挑战的情况下，万科守住了安全经营的底线。公司处于房地产企业融资监管“绿档”范围，各项指标符合监管规则要求；经营性现金流净额连续13年为正；年内债务结构优化，年末存量融资综合融资成本降至4.11%。但是，公司营业收入4,528亿元，同比仅增长8.0%，归属于上市公司股东的净利润225亿元，同比下降45.7%。

图 6-4

这是万科年报独有的特点，它每年都会写一篇类似的内容，来披露公司对行业发展的总结和判断，像 2022 年的这一封“致股东”信，这部分内容对房地产公司过去和未来的发展模式进行了总结和展望。

目前房地产行业的基本情况是：高速工业化、高速城镇化这两个市场重要推动力行近尾声，但基于我国庞大的人口基数，人们预测未来住宅开发依然是重要的经济活动之一，也仍将是万科最主要的业务。

公司将定位由"三好住宅供应商"延展为"城市配套服务商"，希望用十年左右时间，做好其他业务的探索和布局。

基于这些判断，最终将物业服务、物流仓储、长租公寓和商业确定为主要方向。

公司旗下的万物云是行业率先覆盖"住、商、城"全域空间服务的公司。2021年万物云收入首次超过200亿元，同比增长32.1%。

公司旗下的物流仓储抓住国家基础设施升级机遇，冷链仓储位居行业第一。万纬物流近三年收入复合增速为52%，其中2021年收入为32亿元，同比增长69%。

万科泊寓已成为规模最大、运营效率最高的集中式公寓运营商。公寓业务近三年收入复合增速为40%，其中2021年收入同比增长14%。

印力公司（万科集团成员企业）的管理规模、收入、轻资产管理输出均处于行业第一阵营。印力公司近五年收入复合增速为20%，其中2021年收入同比增长24%。

如果只看经营收入和利润，则这些业务现在及将来都无法与房地产开发相提并论。在起步阶段，这些投资对短期业绩的提升还会造成不小的负担。

6.5.4 分析财务指标数据

我们来看一下万科的财务指标数据，如表6-14所示。

表6-14

单位：元

	2021年	2020年	本年比上年增减	2019年
营业收入	452,797,773,974.14	419,111,677,714.12	8.04%	367,893,877,538.94
营业利润	52,530,997,237.25	79,958,642,103.88	-34.30%	76,613,136,041.54
利润总额	52,222,631,202.95	79,675,752,923.39	-34.46%	76,539,289,517.59
归属于上市公司股东的净利润	22,524,033,383.22	41,515,544,941.31	-45.75%	38,872,086,881.32
归属于上市公司股东的扣除非经常性损益的净利润	22,381,781,882.05	40,237,711,134.26	-44.38%	38,314,387,512.31
经营活动产生的现金流量净额	4,113,160,948.20	53,188,022,243.81	-92.27%	45,686,809,515.08
基本每股收益	1.94	3.62	-46.50%	3.47
稀释每股收益	1.94	3.62	-46.50%	3.47
全面摊薄净资产收益率	9.55%	18.49%	减少8.94个百分点	20.67%
加权平均净资产收益率	9.78%	20.13%	减少10.35个百分点	22.47%
	2021年末	2020年末	本年末比上年末增减	2019年末
资产总额	1,938,638,128,699.08	1,869,177,094,005.55	3.72%	1,729,929,450,401.23
负债总额	1,545,865,352,173.39	1,519,332,620,662.33	1.75%	1,459,350,334,988.27

这里把公司的主要财报数据列了出来，我们可以清晰地看到公司2021年的核心财务数据。

2021年公司营业收入是4528.0亿元，同比增长8.0%；归属于上市公司股东的净利润是225.2亿元，同比下降45.7%。

继续看"致股东"的信，如图6-5所示，我们知道，利润的下降主要源于毛利率，以及受按权益法确认的投资收益及股权转让相关收益减少的影响，2021年投资收益下降69亿元，对部分项目、个别股权投资等进行减值,合计减少归属上市公司股东的净利润约26亿元。

> **对净利润下降的检讨**
>
> 2021年,在外部环境出现巨大挑战的情况下,万科守住了安全经营的底线。公司处于房地产企业融资监管"绿档"范围,各项指标符合监管规则要求;经营性现金流净额连续13年为正;年内债务结构优化,年末存量融资综合融资成本降至4.11%。但是,公司营业收入4,528亿元,同比仅增长8.0%,归属于上市公司股东的净利润225亿元,同比下降45.7%。尤其是净利润指标,相较于股东期望和我们自身追求,有很大的差距。
>
> 从财务分析上看,净利润下降主要源于毛利率下降。公司整体毛利率21.8%,同比下降7.4个百分点。扣除营业税金及附加后的整体毛利率,从2020年的22.8%下降至17.2%,对应毛利总额同比减少176亿元。同时,受按权益法确认的投资收益及股权转让相关收益减少影响,2021年投资收益下降69亿元。此外,去年下半年尤其进入四季度以来,市场出现明显下行,按照审慎原则,公司对部分项目、个别股权投资等进行减值,合计减少归属上市公司股东的净利润约26亿元。

图 6-5

6.5.5　分析"公司基本简介"

我们来看一下万科的基本简介,如图6-6所示。

> **第三节　公司简介和主要财务指标**
>
> 公司于1984年在深圳经济特区成立,1988年经深圳市人民政府"深府办(1988)1509号"文批准,公司实施股份制改革;1991年1月29日,公司发行的A股在深交所上市;1993年5月28日,公司发行的B股在深交所上市;2014年6月25日,公司B股以介绍方式转换上市地在联交所主板(H股)上市。
>
> 公司经过三十余年的发展,已成为国内领先的城乡建设与生活服务商,业务聚焦全国经济最具活力的三大经济圈及中西部重点城市。2021年,公司继续荣登《财富》"世界500强",位列榜单第160位,自2016年首次跻身《财富》"世界500强"以来,公司已连续6年上榜。

图 6-6

万科财报显示：公司经过 30 余年发展，已成为国内领先的城乡建设与生活服务商，业务聚焦于全国经济最具活力的三大经济圈及中西部重点城市。

公司荣登世界 500 强，排名 160，公司已经连续 6 年上榜。

6.5.6 分析董事会报告

1. 行业基本情况和经营数据

我们看一下万科的董事会报告，如图 6-7 所示。

图 6-7

这部分主要分析了行业的基本情况和公司的经营数据。其中营业收入是 4528.0 亿元，同比增长 8%；归属于上市公司股东的净利润是 225.2 亿元，同比下降 45.7%。

除此之外,还披露了一些财务指标,比如最后一项是货币资金,对一年内到期的有息负债覆盖倍数为 2.5 倍,这个指标可以用来判断公司的债务违约风险。

万科的货币资金比较高,说明债务违约风险很小。

下面是行业数据,数据来源于万科 2021 年董事会报告,如图 6-8 所示。

> 面对市场波动,本集团保持了安全、健康的财务状况。信用评级行业领先,"三道红线"指标符合"绿档"要求。净负债率 29.7%,长期处于行业低位。有息负债总额平稳且结构优化。有息负债总额 2,659.6 亿元,同比增长 2.9%,其中长期负债占比提高至 78%。报告期末货币资金 1,493.5 亿元。货币资金对于短期债务的覆盖倍数为 2.5 倍,较 2020 年末提升约 0.2 倍。本集团连续 13 年保持经营性现金流净额为正。截止年末,本集团存量融资的综合融资成本为 4.11%。

图 6-8

全年全国房地产销售面积同比增长 1.9%,销售金额同比增长 4.8%,销售金额增速比销售面积增速要高,说明单价上涨了,消费者需求也在增长,如图 6-9 所示。

> (一)2021 年市场回顾
>
> 1、房地产开发
>
> **商品房销售创历史新高,但下半年明显降温。** 全年看,全国商品房销售面积 17.9 亿平方米,同比增长 1.9%;销售金额 18.2 万亿元,同比增长 4.8%。但市场前高后低的趋势明显。分季度看,全国商品房销售额同比增速依次为 88.5%、17.2%、-14.1% 和 -18.7%。
>
> **新开工面积降幅扩大,房地产开发投资增速回落。** 2021 年,全国房屋新开工面积 19.9 亿平方米,同比下降 11.4%,降幅比上年扩大 10.2 个百分点。全国房地产开发投资 14.8 万亿元,同比增长 4.4%,增速比上年回落 2.6 个百分点。
>
> **下半年土地市场成交面积大幅回落。** 根据中国指数研究院统计,2021 年全国 300 个城市住宅类用地供应建筑面积同比下降 11.1%,成交建筑面积同比下降 23.2%,住宅用地出让金同比下降 6.5%,其中下半年同比降幅分别为 9.3%、32.5% 和 22.6%。全年住宅类用地的平均溢价率为 11%,较 2020 年同期下降 4 个百分点,其中上半年为 17.5%,下半年为 4.4%。

图 6-9

分季度看，第三季度和第四季度为负增长，说明去年新冠疫情的反复对房地产市场的销售影响比较大。

房地产成交面积同比下降23.2%，全年土地市场竞争缓和，住宅类用地的平均溢价率为11%，开发商购买土地比较谨慎。

2. 主营业务及其发展

下面来看看主营业务情况。

如表6-15所示，在营业收入中，来自房地产开发及相关资产经营业务的营业收入为4,299.3亿元，占比为95.0%；来自物业服务的营业收入为198.3亿元，占比为4.4%。说明万科主要是依靠卖房盈利的。

表6-15

单位：万元

行业	营业收入 金额	增减	营业成本 金额	增减	毛利率[1] 数值	增减	营业利润率[2] 数值	增减
1.主营业务	44,976,279.47	8.15%	35,286,113.09	19.42%	21.55%	下降7.41个百分点	16.87%	下降5.54个百分点
其中：房地产开发及相关资产经营业务	42,993,191.27	7.36%	33,648,524.74	18.96%	21.74%	下降7.63个百分点	16.87%	下降5.72个百分点
物业服务	1,983,088.20	28.50%	1,637,588.35	29.93%	17.42%	下降0.90个百分点	16.89%	下降0.89个百分点
2.其他业务[3,4]	303,497.93	-6.06%	111,600.71	4.36%	63.23%	下降3.67个百分点	62.58%	下降3.56个百分点
合计	45,279,777.40	8.04%	35,397,713.80	19.37%	21.82%[3]	下降7.42个百分点	17.17%	下降5.57个百分点

注：1. 毛利率数据未扣除税金及附加。
2. 营业利润率数据已扣除税金及附加。

其中，毛利率下滑主要受到近年来结算项目地价占售价比上升的影响，如图6-10所示。

我们知道，2021年净利润下降主要是因为土地价格上涨，但是2023年房价上涨势头减缓，个别楼盘还有跌价风险，需要提前

第 6 章 深刻理解股票投资

计提。

> **毛利率下滑。** 2021 年公司整体毛利率 21.8%，同比下降 7.4 个百分点。扣除营业税金及附加后的整体毛利率从 2020 年的 22.8% 下降 5.6 个百分点至 17.2%，其中主要受到近年来结算项目地价占售价比上升的影响，开发业务毛利率下降至 23.0%，扣除营业税金及附加后的结算毛利率从 2020 年的 24.0% 下降至 17.8%。结算毛利总额也从 905.7 亿元下降到 717.0 亿元，同比减少了 188.7 亿元。

图 6-10

下面看公司的业务发展情况，如图 6-11 所示，2021 年本集团实现销售面积为 3,807.8 万平方米，销售金额为 6,277.8 亿元，分别下降 18.4% 和 10.8%。所销售的产品中，住宅占 86.4%，商办占 9.7%，其他配套占 3.9%。

（1）销售金额下降，结算收入略增

2021 年本集团实现销售面积 3,807.8 万平方米，销售金额 6,277.8 亿元，分别下降 18.4% 和 10.8%。所销售的产品中，住宅占 86.4%，商办占 9.7%，其它配套占 3.9%。2021 年本集团在全国商品房市场的份额约 3.5%，销售金额在武汉、成都、南京、郑州、沈阳、长春、西安、合肥、济南、南昌、西宁、无锡、南通、烟台、三亚等 20 个城市位列第一，在上海、深圳、天津、福州、石家庄、昆明、太原、贵阳、兰州、银川、乌鲁木齐、南宁、宁波、东莞、珠海等 18 个城市排名第二，在广州、杭州、重庆、哈尔滨等城市排名第三。

分区域的销售情况

	销售面积（万平方米）	比例	销售金额（亿元）	比例
南方区域	628.3	16.5%	1,450.3	23.1%
上海区域	1,093.3	28.7%	2,244.8	35.7%
北京区域	716.2	18.8%	920.2	14.7%
东北区域	319.4	8.4%	295.6	4.7%
华中区域	278.0	7.3%	390.2	6.2%
西南区域	477.2	12.5%	625.2	10.0%
西北区域	289.3	7.6%	278.6	4.4%
其他	6.1	0.2%	72.9	1.2%
合计	3,807.8	100.0%	6,277.8	100.0%

图 6-11

销售金额比营业收入的 4500 多亿元大很多，这是因为房地产的很多销售是预售，预售收到的现金不算当年的收入。

万科在全国商品房市场的份额是 3.5%，这个比例看起来很低，但全球不同国家房地产龙头公司的市场份额都不高，中国这些龙头公司的份额已经属于非常好的水平了。

公司销售额分布比较偏南方，长三角地区（上海区域）占比为35.7%，珠三角地区（南方区域）占比为 23%，北京和东北合计占比将近 20%。

接下来是结算收入，万科的房地产开发及相关配套业务收入为 4,264.8 亿元，如表 6-16 所示，南方区域、上海区域、北京区域、东北区域、华中区域、西南区域和西北区域的占比分别为 26.83%、24.10%、13.79%、7.76%、9.09%、10.55%和 7.00%。

表 6-16

分区域的营业收入和利润情况

	营业收入（万元）	比例	权益净利润（万元）	比例
南方区域	11,442,868.76	26.83%	602,785.36	22.90%
上海区域	10,278,548.12	24.10%	932,277.55	35.42%
北京区域	5,879,123.28	13.79%	-38,258.66	-1.45%
东北区域	3,309,548.37	7.76%	251,512.55	9.56%
华中区域	3,876,584.25	9.09%	266,477.89	10.13%
西南区域	4,500,774.96	10.55%	256,043.42	9.73%
西北区域	2,985,721.10	7.00%	273,108.55	10.38%
其他	374,564.22	0.88%	87,857.21	3.33%
合计	42,647,733.06	100.00%	2,631,803.87	100.00%

3. 物业业务

2021 年万科实现房地产开发业务结算面积为 3,116.5 万平方米，同比增长 7.9%，实现结算收入 4,022.7 亿元，同比增长 6.6%；结算毛利率为 23.0%（扣除税金及附加后为 17.8%），这是记录到利润表的收入数据。截至报告期末，万科合并报表范围内有 4,673.5 万平方米已售资源未竣工结算，较上年末下降 5.0%，合同金额合计约为 7,108.0 亿元，较上年末增长 1.8%，这个金额类似于贵州茅台的预收款，可以作为预测公司未来业绩的参考。

下面是物业业务的发展情况，如图 6-12 所示。

万科物业的名字叫作万物云，报告期内万物云收入同比增长 32.1%，收入规模占比非常小，但增速高于房地产业务的增速。

> **2、物业服务**
>
> 万物云是由社区、商企和城市空间"三驾马车"业务体系，协同驱动的全域空间服务提供商，并通过万物云的 AIoT（人工智能物联网）以及 BPaaS（流程即服务）解决方案，在空间里实现远程和混合运营（Remote & Hybrid），为客户提升空间服务效率。
>
> 2021 年，万物云实现营业收入（含向万科集团提供服务的收入）240.4 亿元，同比增长 32.1%，其中社区空间服务收入 134.6 亿元，占比 56.0%，同比增长 22.9%；商企和城市空间服务收入 87.2 亿元，占比 36.2%，同比增长 38.1%；AIoT 及 BPaaS 解决方案服务收入 18.6 亿元，占比 7.8%，同比增长 99.5%。
>
> 2021 年，万物云项目覆盖全国一二线城市，在管项目总数 4,393 个，在管面积 7.8 亿平方米，在管面积同比增长 35.9%。合同管理项目总数 5,553 个，合同管理面积 10.1 亿平方米，合同管理面积同比增长 38.0%。
>
> **坚守高质量服务的品牌形象和一流的服务口碑。**万科物业和万物梁行是万物云的核心品牌，在客户中具有良好口碑，也具备显著的市场竞争力。截至 2021 年底，在管第三方住宅项目数量达 1,605 个，占

图 6-12

此外，还有物流仓储、租赁住宅业务、商业开发与运营、酒店与度假业务，以及其他业务（比如教育等），但业务规模都很小。

4. 经营和财务状况

接着就是经营和财务状况分析，如图 6-13 所示。

> **(五) 经营和财务状况分析**
> **1、利润状况**
> 报告期内，本集团实现净利润 380.7 亿元，同比减少 35.8%；实现权益净利润 225.2 亿元，同比减少 45.7%。
>
> 本集团房地产开发及相关资产经营业务的毛利率（扣除税金及附加前）为 21.7%，较 2020 年下降 7.6 个百分点；营业利润率（扣除税金及附加后）为 16.9%，较 2020 年下降 5.7 个百分点。其中，开发业务的结算毛利率（扣除税金及附加前）为 23.0%，营业利润率（扣除税金及附加后）为 17.8%。本集团全面摊薄的净资产收益率为 9.6%，较 2020 年下降 8.9 个百分点。
>
> 2021 年本集团实现投资收益 66.1 亿元，同比减少 51.0%。其中，来自联营、合营公司实现的公司权益利润为 48.9 亿元。

图 6-13

这是管理层对公司核心财务数据变化进行的解释说明。

2021 年的净利润同比减少了 35.8%，权益净利润同比减少了 45.7%。

这里的**权益净利润**就是归属母公司所有者的净利润，都出现了大幅度的降低，净利润减速小于权益净利润减速，说明少数股东损益减速相对较少。

房地产开发及相关业务的毛利率同比下降 21.7%，净资产收益率下降 8.9%，核心财务指标都在下降，这些都是负面信息。

投资收益主要是万科与其他房地产公司合作开发项目产生的。

5. 负债

下面看负债情况，如图 6-14 所示。

```
2、负债情况
  （1）负债率
  截至2021年底，本集团净负债率为29.7%。
  （2）有息负债及结构
  截至报告期末，本集团有息负债合计 2,659.6 亿元，占总资产的比例为 13.7%。有息负债以中长期负
债为主。有息负债中，短期借款和一年内到期的有息负债合计 586.2 亿元，占比为 22.0%；一年以上有息
负债 2,073.4 亿元，占比为 78.0%。
  分融资对象来看，银行借款占比为 56.1%，应付债券占比为 21.8%，其他借款占比为 22.1%。
  分利率类型来看，有息负债中，固定利率负债占比 42.3%，浮动利率负债占比 57.7%。有抵押的有息
负债为 37.4 亿元，占总体有息负债的 1.4%。
  分境内境外来看，境内负债占比 75.8%，境外负债占比 24.2%。人民币负债占比 76.6%，外币负债占
比 23.4%。
  截至年末，本集团存量融资的综合融资成本为 4.11%。
```

融资情况表（截至 2021 年 12 月 31 日）

单位：万元

融资途径	融资余额	融资成本区间	期限结构
银行贷款	14,919,684.73	Libor 按约定利率上浮~5.88%	短期借款、一年内到期的非流动负债、长期借款
债券	5,802,631.73	1.90%~5.35%	一年内到期的非流动负债、应付债券
其他借款	5,874,168.00	2.99%~6.16%	短期借款、一年内到期的非流动负债、长期借款
合计	26,596,484.47	-	-

图 6-14

有息负债中，固定利率负债占比为 42.3%，浮动利率负债占比为 57.7%。有抵押的有息负债为 37.4 亿元，占总体有息负债的 1.4%。截至 2021 年年末，本集团存量融资的综合融资成本为 4.11%。

下面我们再来看一下万科的项目跟投情况，如图 6-15 所示。

vanke
万科企业股份有限公司 2021 年度报告

15、项目跟投情况

本集团于 2014 年推出项目跟投，将项目经营成果与员工利害关系直接挂钩，鼓励跟投人员为公司和股东创造更大价值。截至 2021 年底，本集团累计有 1,157 个项目引入跟投机制。报告期内新获取的项目中，跟投认购金额为 31.27 亿元，占跟投项目资金峰值的 1.28%，占万科权益资金峰值的 1.64%。

截至本报告披露日，本集团项目跟投主体的收益分配与实际投资保持匹配，项目各股东暂无退出计划。

图 6-15

万科有一个项目跟投的制度，员工可以参与投资公司的项目，赚了钱跟公司一起分。注意，这里披露的跟投金额是 31.27 亿元。

6.5.7 分析公司的治理报告

我们来看一下万科的治理报告，如图 6-16 所示。

第五节 公司治理报告暨企业管治报告

公司始终遵循简单、透明、规范及负责的价值观，严格按照法律、法规以及上市公司规范性文件的要求，不断完善公司治理和提高公司规范运作水平。公司股东大会、董事会、监事会及高级管理人员严格按照《公司章程》赋予的职责，履行各自的权利及义务。

一、公司治理情况综述

报告期内，公司严格遵守《公司法》、《证券法》、《上市公司治理准则》、香港相关法律法规以及《联交所上市规则》，并结合公司实际情况，不断完善公司治理结构，规范公司运作。报告期内，公司修订发布了《公司章程》、《股东大会议事规则》及《董事会议事规则》等多项制度，进一步提高公司治理水平。

《企业管治守则》第 A.6.7 条规定，独立非执行董事及其他非执行董事应出席股东大会，对公司股东的意见有公正的了解。

报告期内，本公司共召开 2 次股东大会，因受疫情影响或有其他重要公务，部分董事未能出席此次股东大会。董事出席情况可参见本报告本章节之"四、股东与股东大会"之"2、董事出席股东大会的情况"。

图 6-16

第 6 章 深刻理解股票投资

这部分我们主要关注管理层的情况。

万科的管理层的主要收入有固定薪酬、年度奖金和经济利润奖金，如图 6-17 所示。

十二、高级管理人员相关情况说明

（一）对高级管理人员的考评、激励及奖励机制的建立和实施情况

1、薪酬构成

本集团的薪酬体系包括固定薪酬、年度奖金和经济利润奖金。

（1）固定薪酬。面向全员，根据岗位重要性和员工基本生活需要确定，职位越高，固定薪酬在全部收入中占比越低。

（2）年度奖金。根据年度利润实现完成情况，进行计提；根据净利润、销售收入及事件合伙等进行分配发放。公司于第十八届董事会第二十七次会议审议通过了《关于迭代明确 2020-2022 年度奖金方案原则的议案》，明确 2020-2022 年度集团奖金方案原则。

（3）经济利润奖金。

2010 年，为落实股东导向，推动经营决策与股东利益的一致性，鼓励持续创造优于社会平均水平的业绩，本集团对整体薪酬体系进行调整，减少年度奖金计提比例，经第十五届董事会第十二次会议审议，公司引入了基于经济利润（EP）的经济利润奖金制度。目前公司的经济利润奖金方案于 2018 年 1 月经第十八届董事会第四次会议审议通过。

经济利润奖金奖励对象包括在公司全职工作的董事、监事，本集团管理人员，以及本集团业务骨干和突出贡献人员。

每一年度经济利润奖金以公司当年实现的经济利润（EP）作为业绩考核指标和提取或扣减基数，采取正

图 6-17

由于万科的员工持股占比很小，甚至多年都没有进行过持股计划，如图 6-18 所示，管理层除工资和年终奖外，主要靠经济利润奖金和跟投项目获益。

十五、公司股权激励计划、员工持股计划或其他员工激励措施的实施情况

本公司于报告期内未实施股权激励计划、员工持股计划或其他员工激励措施。本集团下属部分业务实施跟投机制，部分员工参与了业务（项目）跟投。

图 6-18

这是万科区别于其他大部分上市公司的地方，也是万科股价表现相对于其他公司较弱的主要原因。

公司 2020 年度经济利润奖金总额为人民币 19.05 亿元，如图 6-19 所示。

> **2、2020 年度经济利润奖金计提情况**
>
> 公司 2020 年度经济利润奖金总额为人民币 19.05 亿元。
>
> 2018 年度第一次临时股东大会审议通过了《关于调整公司董事、监事薪酬方案的议案》，明确董事会主席经济利润奖金分配比例为公司年度经济利润奖金的 1.8%-2.2%，授权董事会薪酬与提名委员会决定。根据第十八届董事会薪酬与提名委员会第九次会议决议：董事会主席的经济利润奖金占当年度经济利润奖金的比例需与集团经济利润增幅挂钩，年度经济利润增长率＜10%时，董事会主席经济利润奖金占当年经济利润奖金比例为 1.8%；10%≤年度经济利润增长率≤18%时，董事会主席经济利润奖金占当年经济利润奖金比例为 2.0%；年度经济利润增长率＞18%时，董事会主席经济利润奖金占当年经济利润奖金比例为 2.2%。
>
> 根据以上决议，因 2020 年度经济利润同比下降，董事会主席经济利润奖金占当年经济利润奖金的比例为 1.80%，即人民币 3,429.31 万元。为鼓励优秀基层奋斗者，董事会主席郁亮自愿将其 2020 年度经济利润奖金的 50%（即人民币 1,714.65 万元），用于奖励 2020 年度集团金奖（个人奖）获得者、2020-2021 年度优秀首席客户官、2021 年度奋斗之星和总部 2021 年度优秀奋斗者合计 376 人。同时，郁亮主席自愿放弃 2021 年度全部经济利润奖金。
>
> 经第十九届董事会薪酬与提名委员会第九次会议确认，公司董事、监事、高级管理人员获得的 2020 年经济利润奖金金额如下：

图 6-19

什么是经济利润奖金呢？

这是 2010 年公司发布的制度，每一年度**经济利润奖金**以公司当年实现的 EP（经济利润）作为业绩考核指标和提取（或扣减）基数，采取正负双向调节机制，按照 10%的固定比例提取或返还。

如果当年公司的 EP 为正数，则按规定比例计提相应的经济利润奖金；如当年公司的 EP 为负数，则按相同比例从递延奖金池中返回相应的金额。

EP 代表的经济利润是指净资产收益率，也就是说，每年净资产收益率达到 10% 后，高于 10% 的部分，公司可以从中提取 10% 作为奖金。

万科最近 20 年净资产收益率没有低于过 10%，与其他公司的考核相比，万科也没有明确的业绩增长要求。

优秀公司的考核一般要求保证资产质量稳定的同时，业绩也要增长，这样股权价值增长，普通投资者即小股东的股权价值也会跟着升值。但这种直接计提奖金的方式，意味着不管公司股价表现如何，公司的管理层利益都有保障。所以，这个奖金制度意味着只要净利润下降幅度不大，管理层都能获得收益。

在此，对于环境和社会责任、重要事项、股份变动、监事会和债券情况等内容，不做过多的分析。

6.5.8 分析公司的财务情况

下面，我们重点来看年报中最后一部分——财务情况。

万科的资产负债表如表 6-17 所示。2021 年底，集团净负债率为 29.7%，目前账上有货币资金 1493.52 亿元，其他流动资产为 259.33 亿元，两项加总，即现金与类现金资产的和为 1752.85 亿元。

表 6-17

编制单位:万科企业股份有限公司	2021年12月31日	单位:元	币种:人民币
资产	附注五	2021年12月31日	2020年12月31日
流动资产:			
货币资金	1	149,352,444,288.76	195,230,723,369.88
交易性金融资产	2	20,587,130.20	170,479,737.23
衍生金融资产	3	-	14,760,989.89
应收票据		27,681,787.89	9,662,433.79
应收账款	4	4,743,597,023.95	2,992,423,302.26
预付款项	5	67,230,335,116.78	62,247,503,823.48
其他应收款	6	266,061,120,373.24	249,498,545,525.50
存货	7	1,075,617,036,637.22	1,002,063,008,153.13
合同资产	8	10,390,001,562.44	6,162,549,680.11
持有待售资产	9	892,422,536.24	6,334,727,583.46
其他流动资产	10	25,933,080,835.18	22,662,676,635.96
流动资产合计		1,600,268,307,291.90	1,547,387,061,234.69
非流动资产:			
其他权益工具投资	11	1,833,454,848.71	1,801,237,167.11
其他非流动金融资产	12	1,041,138,826.07	697,759,464.58
长期股权投资	13	144,449,331,715.57	141,895,190,255.76
投资性房地产	14	85,953,409,655.10	79,954,139,029.20
固定资产	15	12,821,059,774.78	12,577,342,742.17
在建工程	16	3,398,129,417.86	3,236,850,338.38
使用权资产	17	24,242,100,680.02	25,210,119,233.05
无形资产	18	10,445,168,074.14	6,087,781,315.58
商誉	19	3,822,322,807.59	206,342,883.92
长期待摊费用	20	9,012,992,116.04	8,947,760,570.31
递延所得税资产	21	33,517,919,664.26	27,535,430,502.88
其他非流动资产	22	7,832,793,827.04	13,840,079,267.94
非流动资产合计		338,369,821,407.18	321,790,032,770.86
资产总计		1,938,638,128,699.08	1,869,177,094,005.55

2020年底,现金与类现金资产(货币资金与其他流动资产之和)是2178.94亿元,确实比2020年降了400亿元。

2021年的有息负债为2,659.6亿元,2020年的有息负债为25.85.3亿元,如图6-20所示。

第 6 章 深刻理解股票投资

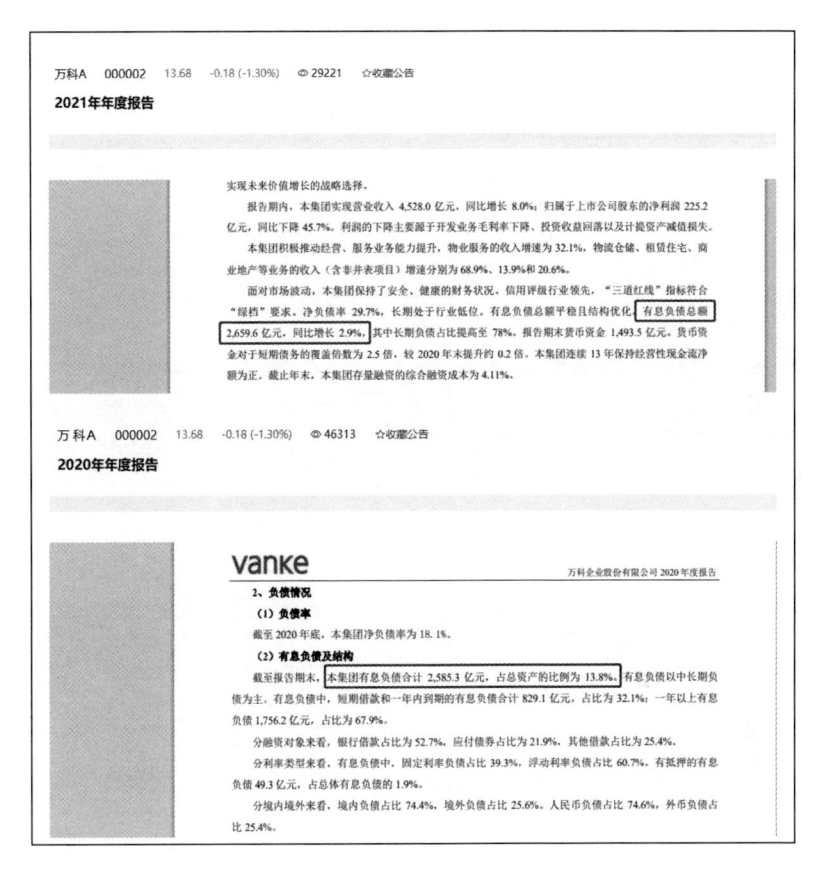

> **万科A** 000002 13.68 -0.18 (-1.30%) ⊚29221 ☆收藏公告
> **2021年年度报告**
>
> 实现未来价值增长的战略选择。
>
> 报告期内，本集团实现营业收入 4,528.0 亿元，同比增长 8.0%；归属于上市公司股东的净利润 225.2 亿元，同比下降 45.7%。利润的下降主要源于开发业务毛利率下降、投资收益回落以及计提资产减值损失。
>
> 本集团积极推动经营、服务业务能力提升，物业服务的收入增速为 32.1%，物流仓储、租赁住宅、商业地产等业务的收入（含非并表项目）增速分别为 68.9%、13.9%和 20.6%。
>
> 面对市场波动，本集团保持了安全、健康的财务状况，信用评级行业领先，"三道红线"指标符合"绿档"要求。净负债率 29.7%，长期处于行业低位。有息负债总额平稳且结构优化，**有息负债总额 2,659.6 亿元，同比增长 2.9%**。其中长期负债占比提高至 78%。报告期末货币资金 1,493.5 亿元。货币资金对于短期债务的覆盖倍数为 2.5 倍，较 2020 年末提升约 0.2 倍。本集团连续 13 年保持经营性现金流净额为正。截止年末，本集团存量融资的综合融资成本为 4.11%。

> **万科A** 000002 13.68 -0.18 (-1.30%) ⊚46313 ☆收藏公告
> **2020年年度报告**
>
> **vanke** 万科企业股份有限公司 2020 年度报告
>
> **2、负债情况**
>
> **（1）负债率**
>
> 截至 2020 年末，本集团净负债率为 18.1%。
>
> **（2）有息负债及结构**
>
> 截至报告期末，**本集团有息负债合计 2,585.3 亿元，占总资产的比例为 13.8%**。有息负债以中长期负债为主，有息负债中，短期借款和一年内到期的有息负债合计 829.1 亿元，占比为 32.1%；一年以上有息负债 1,756.2 亿元，占比为 67.9%。
>
> 分融资对象来看，银行借款占比为 52.7%，应付债券占比为 21.9%，其他借款占比为 25.4%。
>
> 分利率类型来看，有息负债中，固定利率负债占比 39.3%，浮动利率负债占比 60.7%。有抵押的有息负债 49.3 亿元，占总体有息负债的 1.9%。
>
> 分境内境外来看，境内负债占比 74.4%，境外负债占比 25.6%。人民币负债占比 74.6%，外币负债占比 25.4%。

图 6-20

从总量上看，2021 年的有息负债与 2020 年相比，大体持平。

账上现金变少，而有息负债大体持平，甚至略有上升，这里是否存在现金流枯竭的风险呢？

大概率是不存在的。因为万科 2021 年的有息负债相比 2020 年，总量虽然没多少变化，但结构上变化不小。2021 年一年内到期的流动负债总和约为 586.2 亿元，2020 年一年内到期的流动负债总和约为 855.74 亿元。也就是说，万科的短期还款压力，实际上比 2020 年是有所下降的。

下面我们来看万科的利润表，如表 6-18 所示。

表 6-18

编制单位：万科企业股份有限公司	2021年	单位：元	币种：人民币
项目	附注五	2021年	2020年
一、营业总收入	41	452,797,773,974.14	419,111,677,714.12
减：营业成本	41	353,977,137,972.14	296,540,687,975.27
税金及附加	42	21,055,864,899.95	27,236,909,916.23
销售费用	43	12,808,639,133.72	10,636,899,699.87
管理费用	44	10,242,281,855.31	10,288,052,823.20
研发费用		642,366,251.89	665,687,472.79
财务费用	45	4,383,823,853.73	5,145,102,736.17
其中：利息费用	45	7,861,346,670.48	8,757,579,925.42
利息收入	45	3,819,803,627.43	4,680,643,358.10
加：投资收益	46	6,614,274,942.27	13,511,869,972.98
其中：对联营企业和合营企业的投资收益	46	4,888,728,689.55	9,739,656,204.22
公允价值变动收益（损失以"0"填列）	47	3,816,947.39	5,333,532.39
资产减值损失（损失以"0"填列）	48	(3,513,507,598.39)	(1,980,818,041.07)
信用减值损失（损失以"0"填列）	49	(280,488,237.51)	(224,461,716.05)
资产处置收益（损失以"0"填列）		19,241,176.11	48,381,265.04
二、营业利润		52,530,997,237.25	79,958,642,103.88
加：营业外收入	50	1,148,090,937.79	999,497,308.64
减：营业外支出	51	1,456,456,972.09	1,282,386,489.13
三、利润总额		52,222,631,202.95	79,675,752,923.39
减：所得税费用	52	14,153,104,184.93	20,377,636,478.86
四、净利润		38,069,527,018.02	59,298,116,444.53
（一）按经营持续性分类			
1.持续经营净利润		38,069,527,018.02	59,298,116,444.53
（二）按所有权归属分类			
归属于母公司股东的净利润		22,524,033,383.22	41,515,544,941.31
少数股东损益		15,545,493,634.80	17,782,571,503.22

净利润变化，万科的净利润从 2020 年的 593 亿元减少到 2021 年的 381 亿元，下降 35.8%，说明去年公司的经营情况不好。

投资收益部分，主要是长期股权投资产生的，因为万科的很多项目是合作开发的，参股比例低的项目都被记入长期股权投资。

因此，投资收益实际上也是房地产开发业务的利润，与主营业务的利润是一样的。

我们来看一下万科的现金流量表，如表 6-19 所示。

表 6-19

编制单位：万科企业股份有限公司	2021 年	单位：元	币种：人民币
项目	附注五	2021 年	2020 年
一、经营活动产生的现金流量			
销售商品、提供劳务收到的现金		464,050,811,118.84	472,283,130,715.82
收到其他与经营活动有关的现金	55(1)	20,165,206,235.01	36,078,780,855.97
经营活动现金流入小计		484,216,017,353.85	508,361,911,571.79
购买商品、接受劳务支付的现金		360,604,498,291.30	318,470,472,700.42
支付给职工以及为职工支付的现金		18,594,306,128.44	15,561,462,921.17
支付的各项税费		60,103,322,006.93	59,397,255,641.48
支付其他与经营活动有关的现金	55(2)	40,800,729,978.98	61,744,698,064.91
经营活动现金流出小计		480,102,856,405.65	455,173,889,327.98
经营活动产生的现金流量净额	56(1)	4,113,160,948.20	53,188,022,243.81
二、投资活动产生的现金流量			
收回投资收到的现金		856,446,302.19	4,636,886,080.38
取得投资收益收到的现金		5,956,649,989.48	3,903,163,650.08
处置固定资产、无形资产、投资性房地产和其他长期资产收回的现金净额		63,571,419.72	62,313,156.81
处置子公司及其他营业单位收到的现金净额	56(3)	3,610,112,471.09	4,704,049,890.99
收到其他与投资活动有关的现金	55(3)	5,899,817,819.61	17,257,903,571.86
投资活动现金流入小计		16,386,598,002.09	30,564,316,350.12
购建固定资产、无形资产、投资性房地产和其他长期资产所支付的现金		9,577,908,329.09	7,208,297,858.47
投资支付的现金		15,250,058,837.88	12,937,284,477.77
取得子公司及其他营业单位支付的现金净额	56(3)	17,242,790,191.61	4,143,334,783.53
支付其他与投资活动有关的现金	55(4)	596,626,826.23	478,332,102.30
投资活动现金流出小计		42,667,384,184.81	24,767,249,222.07
投资活动 (使用) / 产生的现金流量净额		(26,280,786,182.72)	5,797,067,128.05

2020 年，万科经营性现金流净额为 530 多亿元，2021 年只有 41 亿元。其中，流入减少了 240 多亿元，流出增加了 250 多亿元，结果就是经营活动现金流净额减少了 490 亿元。

其中，购买商品、接受劳务支付的现金一项相较 2021 年增加了约 420 亿元，同比增加 13%。

不过，由于万科有大量的合作开发项目，所以其现金流量表的意义相对较小。

总的来看，虽然万科是房地产开发的头部公司，但在这一轮房地产行业的供给侧改革中也受到了冲击。

当然，万科的现金流仍然非常优秀，即使在开发商普遍缺乏现金的情况下，依然敢于把利润的50%左右进行分红，这向市场传递了一个信号——万科不缺现金。

万科能够在这一轮房地产供给侧改革中活下去，未来市场占有率的发展趋势必然会是不断攀升的。

第 7 章
如何利用可转债套利

- 7.1 可转债是什么
- 7.2 可转债的套利空间在哪儿

7.1 可转债是什么

资本具有化腐朽为神奇的力量，那么如何进行匹配，让资本流向有需求的地方，就成了金融玩家们绞尽脑汁要解决的问题，于是各种金融工具也就诞生了。

但是我们一定要清楚，金融活动的本质是生意，持有资金的一方把资金给到需求方，希望从需求方获得利息甚至更大回报，而需求方拿到资金后，希望能用它来实现更大的利益，同时支付较少的利息。双方都是中间商，都希望赚差价。可转债就是在这样的需求下诞生的。

企业希望拿到更多的资金扩大生产或解燃眉之急。同时，企业不希望支付高额的利息，这是因为实现利润最大化是企业的宗旨。

对于企业来说，低息债券是一个很不错的选择，本着能不给利息就不给利息，能少给利息就少给利息的原则，企业设计了可转债这样一种产品。

可转债从名字就可以看出来，它的本质依然是一种债券，债券是以信用背书的一种金融凭证，借款人和被借款人书面约定好利息，形成债权债务关系。后期，债务人按约定时间和约定利率向债权人支付利息，并且在到期后偿还本金。

企业希望通过可转债的形式向市场继续融资，但是企业不想支付高额的利息，可转债发行之后的有效存续期间为 6 年。也就是说，在这 6 年时间里，企业每年向投资者支付一定的利息，并且在第六年的时候偿还投资者本金。约定的利息非常低，逐年增长，一般第一年为 0.5%，第二年为 0.7%，第三年为 1.2%，第四年为 1.8%，第五年为 2.5%，第六年为 3%。

当然，每个企业发行的可转债的约定利息都不一样，只是说大致在这个值附近，不会低多少，也不会高多少。

图 7-1 是随机展示的中矿转债的基本信息。试问，面对这样的利息，你会把钱投给他们吗？

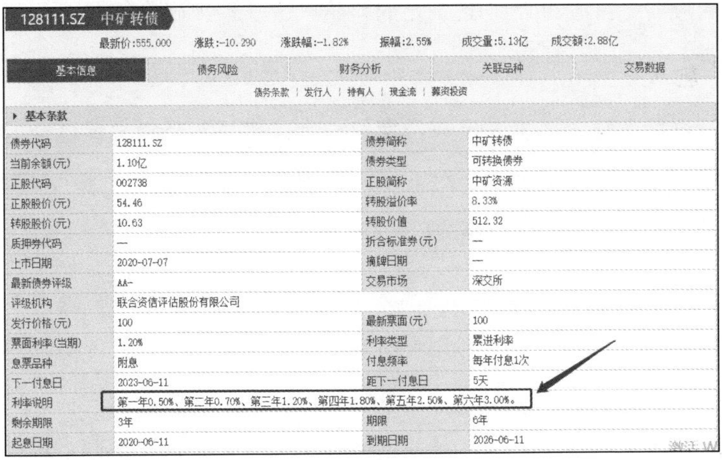

128111.SZ　中矿转债

最新价:555.000　涨跌:-10.290　涨跌幅:-1.82%　振幅:2.55%　成交量:5.13亿　成交额:2.88亿

基本信息　债务风险　财务分析　关联品种　交易数据

债务条款 | 发行人 | 持有人 | 现金流 | 募资投资

▸ 基本条款

债券代码	128111.SZ	债券简称	中矿转债
当前余额(元)	1.10亿	债券类型	可转换债券
正股代码	002738	正股简称	中矿资源
正股股价(元)	54.46	转股溢价率	8.33%
转股股价(元)	10.63	转股价值	512.32
质押券代码	—	折合标准券(元)	—
上市日期	2020-07-07	摘牌日期	—
最新债券评级	AA-	交易市场	深交所
评级机构	联合资信评估股份有限公司		
发行价格(元)	100	最新票面(元)	100
票面利率(当期)	1.20%	利率类型	累进利率
息票品种	附息	付息频率	每年付息1次
下一付息日	2023-06-11	距下一付息日	5天
利率说明	第一年0.50%、第二年0.70%、第三年1.20%、第四年1.80%、第五年2.50%、第六年3.00%。		
剩余期限	3年	期限	6年
起息日期	2020-06-11	到期日期	2026-06-11

图 7-1

我想，我们应该都会回答：不会。因为我们把钱放在银行买定期理财也能达到这个收益。

那怎么解决这个问题呢？很简单，在其中增加一个预期值，让投资者觉得自己奔跑在希望的原野上。股市和期市赚钱的人少之又少，但大家还是蜂拥而至，这就是预期的魅力。

所以可转债便不只是"债"了，它具备了可转换的功能。在上市6个月之后，你可以将持有的可转债转换成相应数量的股票，而且这个转股价是事先约定好的。

比如，一开始就约定，进入转股期之后，可以按照6元每股的价格转换成股票。但是到了转股期之后，股价实际已经涨到每股9元，如果你行驶权利转股，就可以以每股6元的价格获得每股9元的股份，每股可以赚取3元的差价，这样看来好像就是个不错的生意。

这就好比，你买入了一份期权，而且还是不会损失保证金的美式期权。期权最早是为了对冲风险而诞生的，后来演变为一种投资产品。

如果你预期某种大宗商品未来价格会涨，那么可以在现在买入一份看涨期权，期权中包含了约定买入价格，如果未来价格真的上涨了，你就可以行使权利，按照约定价格买入涨价后的产品，然后以市价卖出，赚取差价。如果价格跌了，就放弃行使权利，损失保证金。

你持有的可转债，不仅在未来可以选择是否要转换成股票，而且不会因为放弃转股而损失本金和利息。

此外，可转债本身可以在二级市场中交易，原则上正股价格上涨都会伴随可转债价格的上涨，因为这个时候转股价值（转股价值=股价/转股价×100）增加了，市场中原本并不持有可转债的人也希望能够进场，参与进来，他们看到了利润空间。

只要公司不出现问题，就不会有退市的风险，最后你也可以拿回本金，并且获得一定的利息。相当于可转债就成了"下有保底，上不封顶"的投资产品了。

这让希望能够保本，同时又有机会赚取超额收益的投资者眼前一亮，一时成为市场中的"香饽饽"了。

但是一定要记住，这里的保本只是针对面值而言的，上市后可转债的价格可能会水涨船高。比如，2020年7月7日上市的中矿转债，初始面值是100元，最高峰时涨到1019.8元，涨了10倍，而到2023年4月26日（本书写作时间）时，收盘价是520.5元。如果你是上市时就买入的，持有到2023年4月26日，也赚5倍。但是如果是1019.8元的高位买入的，那么持有到2023年4月26日，就会亏50%。所以切莫追高。

我不主张在可转债上做短线投机以博取高额回报，但是我依然认为可转债是投资组合中可搭配的一种关键资产。尤其现在，市场已经进入利率长期下行的通道，我们可以通过可转债的"下有保底"的特性去做一部分稳健类的配置。

可转债是不会跌破纯债价值的，纯债价值相当于可转债的保底价，纯债价值是变动的，会根据久期、付息等做微调，但是基本变化不会很大。如果跌破，那只能说明该债可能存在违约风险，这种情况出现的概率只能用"极小极小"来形容。

因此，在利率越来越低的当下和未来，利用纯债价值做一个保守投资策略还是值得一试的。

交易可转债有几个关键词是一定要知道的，建议你在正式交易之前弄清楚这些，做一个理性的投资者。

强制赎回：一般来说，可转债强制赎回有两种情况。第一种，发生在正股股价不断上涨的时候，如果连续 30 个交易日中有 15 个交易日满足正股股价高于转股价的 130%，就会触发强制赎回；第二种，当可转债被大量转化为股票或者卖出，存续的数量低于 3000 万手时，有可能被强制赎回。

需要注意的是，强制赎回属于上市公司的权利，至于触发赎回条款之后，是否选择赎回，则要看上市公司的意愿，上市公司在强制赎回前，都会提前发公告，投资者关注公告即可。

但是，如果公告要强制赎回，一般来说都是要卖出或者转换成股票持有的，因为强制赎回时，不管可转债的市价是多少，都会按面值加上一定的利息支付给投资者，如果这时候市价远超面值，那么拿到强制赎回就太不划算了。

强制赎回发生在可转债上市半年以后,在转股期内才能被强制赎回。而且130%也远不是可转债价格的上限,因为可转债上涨的幅度可能会远超130%。

回售条款:在可转债最后两个计息年度内,如果正股股价连续30个交易日中有任意15个交易日满足收盘价低于转股价的70%,则可转债持有人有权将其持有的可转债按照面值加上本期计息利息回售给上市公司。

这是对投资者的保护,当正股股价持续下跌,长时间低于转股价,且持有的可转债面值低于100元甚至90元时,投资者可以行使权利,要求上市公司还本付息,因为可转债的本质还是债券。

下修条款:在可转债存续期间,当公司股票在任意30个交易日中至少15个交易日的收盘价低于当期转股价格的85%时,公司有权下修转股价格。

需要注意的是,下修转股价格也是上市公司的权利而非义务,就是说上市公司可以选择下修也可以选择不下修。毫无疑问,下修的目的是增加转股价值,激励投资者将可转债转换成股票,这样上市公司就不用偿还投资者的本金了。一般来说,下修会促使可转债价格持续上涨,因为投资者看到了利润空间。

当然具体是否下修也是以公告为主,上市公司都会提前在公告里进行说明,如图7-2所示。

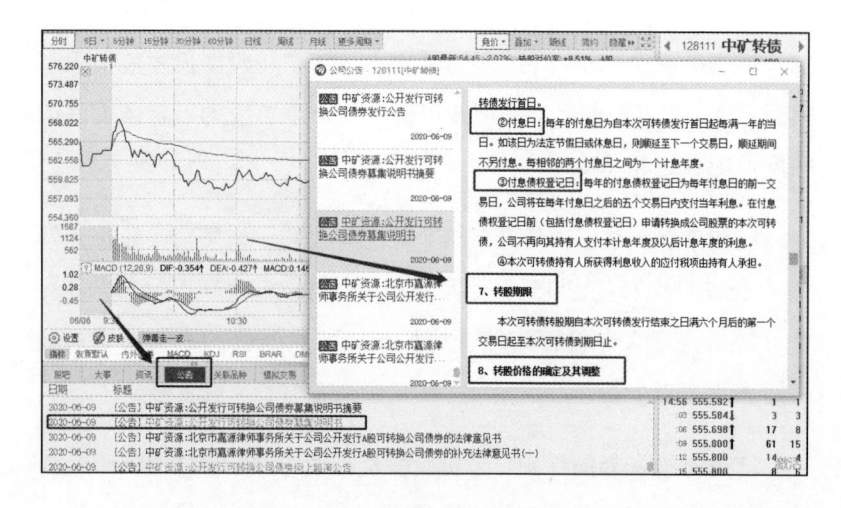

图 7-2

总的来说，如果你仅仅把可转债当作投资工具，那么在当下确实是一个有考虑价值的品种，当然前提是你真的弄懂了可转债的交易规则。

如果你只是把它当作一种投机工具，那么我建议你还是先练就一身本领吧。

7.2　可转债的套利空间在哪儿

可转债作为一种高灵活性的投资产品，其本身在交易上已经具备了可套利的空间。

可转债交易按照 T+0 的交易机制，满足了很多人对股市不能进行 T+0 交易的遗憾，但是同时也被"收割"得更狠，可能会在一天内反复挨打（亏损）。

这个市场最牛的一点就是让所有的不相信变成相信，让所有的不可能变成可能，让勇士折服，让智者怀疑人生。

这个市场最不缺聪明人，但是真正的胜利者未必是最聪明的那个人。

所以我们要擅用手中可用的工具，在未真正了解它之前，不妨先将其放在工具篮子里，这些东西就像双刃剑，用不好可能会伤了自己。我极少会为未知的东西投入资金，哪怕其他人的收益曲线确实很迷人，我也不赚认知圈外的钱。

总之，可转债确实存在暴利空间和套利空间，但是在你真正了解它之前，不要急着操作。

我们参与可转债的人几乎也都只是停留在打新债的层面，2023 年之前，可转债是没有门槛的，只要你有一个证券账户，就可以参与其中，而且新债的中签率和收益率也是比较高的。

但是在 2023 年《上海证券交易所交易规则（2023 年修订）》新规出台后，设定了两年交易经验和账户 10 万元资金的门槛，需要满足这两个条件才能获得可转债交易资格。

风险与收益往往都是正相关的，风险越大，收益也越大。可转债的常规套利空间来源于股债之间的时间差，一般来说可转债的走势基本复制正股的走势，如果正股走势很强，那么对应的可转债也会是强势的。

比如，2023年一季度以来走势很强的万兴科技，在发现万兴科技存在异动时不敢买入，因为不知道次日会不会直接被套，其实这种时候是可以买入万兴转债的，当股价拉升之后直接卖掉，实现日内落袋。

图 7-3 是万兴科技和万兴转债的日 K 线图。

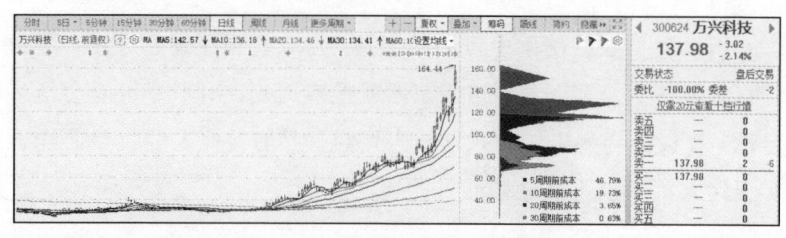

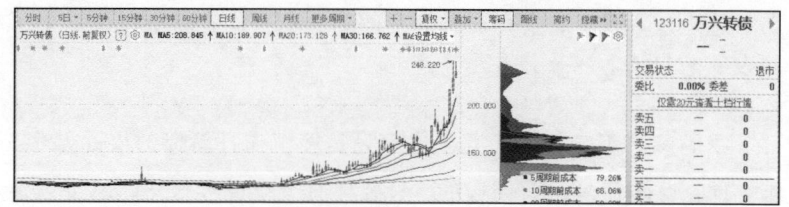

图 7-3

日内低买高卖就是做一个短差，避免了隔夜风险。有时正股是先于可转债启动的，通过观察正股来操作可转债，往往比直接做正股机会更加明确。

如果此时已经持有万兴科技和万兴转债，则它们当日双双大涨之后，可以通过可转债的转股性质做 T。比如，万兴科技的股价涨了 18%，卖出后，股价还在上涨，这时想要再买回来只能追高，那就成了反 T，不仅没能获利还损失了手续费，使得成本提高。

这时，可以将持有的万兴转债转换成股票，因为万兴转债的转股价是 49.79 元，远低于市价，将可转债转股，就相当于低吸。

当然，这种做法是否有必要，具体要看每个人的选择，因为这种时候转股其实并不能让你收益更多，只是不至于丢了正股的筹码而已。

通常，持有可转债的人并不会将手里的可转债转换成股票，直接交易可转债的成本比转换成股票的成本低得多，而且还不用交税。

对于可转债投资者来说，回售条款和下修条款是非常重要的。当公司股票在任何连续 30 个交易日的收盘价格低于当期转股价的 70% 时，持有人可以要求公司以面值加上当期利息回售持有的可转债。所以，我们可以密切关注此类可转债，一旦出现，就有可能伴随着套利空间的出现。

回售意味着上市公司需要拿出一大笔钱来，这是上市公司不愿意做的，拿到手的钱并不想"吐"出来。而且很多上市公司面临着严重的账面负债，回售可转债意味着加大公司的负债压力。

因此，公司董事会通常会通过投票决议来决定是否下修股价，即将转股价格调低。比如，原来转股价是 10 元，现在下修到 5 元，这意味着可转债持有者原先可以以 10 元每股的价格转换成股票，现在要以 5 元每股的价格转换成股票。

随着转股价值的增加，一方面，可转债持有者可以将手里的可转债转换成股票进行套利；另一方面，转股价值的增加会吸引更多的人买入可转债来博取套利机会，可转债的价格也会水涨船高，此时的可转债本身也是存在利润空间的。

触发下修条款一般有以下两种情况。

第一种，当上市公司的股票在任意连续 30 个交易日内至少有 15 个交易日的收盘价低于当期转股价格的 85%（这个数值不固定，具体以公告为准）时，公司有权提出下修转股价格。

第二种，触发附加回售条款，即当上市公司的正股价连续 30 个交易日里任意 15 个交易日高于转股价的 130%，或者，正股价持续 30 个交易日低于转股价的 70%～80%时，为避免向债权人偿付（公司负债压力大），选择下修。

下修条款属于上市公司的权利而非义务，上市公司既可以选择下修，也可以选择不下修。下修意味着可以吸引可转债投资者转股，这样公司不用还本付息。但是，投资者转股意味着原股票股东的股份会被稀释，流通中的股份会增加，而且转股可以以更低的价格买入股份。这样，原股东会承受损失，所以上市公司会综合考虑是否下修。

投资在很多时候是一种博弈，当你把资金投入一家上市公司时，往往是看好这家公司的未来，但是未来究竟如何，尚未可知。

所以对于可能下修的可转债，如果被我们发现，是可以重点关注的。

第 8 章
期权交易需要注意些什么

- 8.1 考试不通过不准做期权
- 8.2 什么情况下该沽空

8.1 考试不通过不准做期权

期权因为其高杠杆性而吸引着投机者,但是同时又因为其门槛较高而使很多人望而却步。

期权是一种衍生金融工具,它授予持有者在未来某个时间内以特定价格购买或出售一项标的资产的权利,标的资产可以是股票、股指、商品等。

认购期权是指持有者可以在未来以约定价格买入标的资产,如果预期未来标的资产价格会上涨,那么可以在现在买入认购期权。

认沽期权是指持有者可以在未来以约定价格卖出标的资产,持有者预期未来价格会下跌。这仅仅是权利,而非义务,在未来持有者可以选择行权或者放弃行权,行权有可能获得数倍的收益,而放弃行权仅仅会损失权利金。

每一份期权都会标注一个行权价格,相当于一份契约,对于认购契约买入方而言,如果未来标的资产的价格高于约定行权价,那么买入方就可以行驶权利获得回报,卖方就会承担损失。

如果未来标的资产的价格低于约定行权价,那么期权就失去了价值,因为你完全可以以市场价买入,这样成本更低,期权的持有者会因放弃行权而损失权利金，这样卖方就成功地赚取了权利金。

所以期权对于买方而言是损失有限（损失的可能仅仅是权利金），但是回报无限。而对于卖方而言，是回报有限（回报仅仅是权利金），但是损失无限。

当标的资产的价格等于期权的行权价格的时候，这样的期权被称为平值期权，平值期权交易中买方会损失权利金，获利方属于卖方。

当标的资产的价格高于期权的行权价格的时候，认购期权为实值期权，而认沽期权为虚值期权；当标的资产的价格低于行权价格的时候，认购期权为虚值期权，而认沽期权为实值期权。

当标的资产的价格和期权行权价相差越大时，虚值期权的价格往往越便宜，因为期权是有时效性的，价格差越大越难以行权，虚值期权的价值也越小。

因此，期权具有双重价值，即内涵价值和时间价值，内涵价值就是行权可获得的价值，如表 8-1 和图 8-1 所示。表 8-1 是上证 50ETF 的认购期权，对应的行权价是 2.218 元，而图 8-1 是上证 50ETF 的价格，是 2.523 元。这是一个实值期权，它的内涵价值是行权价和标的资产价格的差值，即 0.305 元。如果上证 50ETF 的价格跌破 2.218 元，那么这份认购期权就变成虚值期权，也就失去了内涵价值，即内涵价值为 0。

表 8-1

期权基本资料			
合约类型	认购	行权日	2023-06-28
行权价	2.218	最小变动价位	0.0001元
合约单位	10142	剩余期限	22天
合约代码	10004679	合约名称	50ETF购6月2218A
标的基本资料			
标的代码：	510050	总份额/总股本：	213.36亿份
标的名称：	50ETF	流通份额/流通股本：	213.36亿份

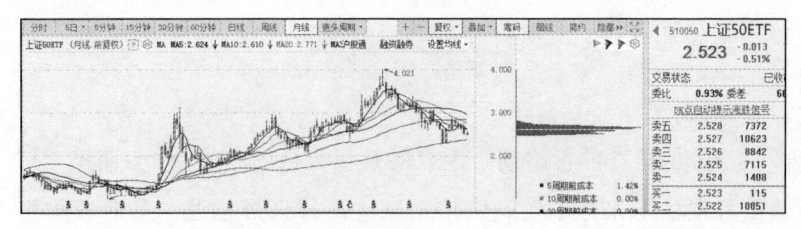

图 8-1

期权的另一个价值是**时间价值**，以上证 50ETF 期权为例，一张需要支付的权利金是 3146 元，这 3146 元全部都是时间价值，它体现了买入者期望上证 50ETF 在未来的 22 天时间里会进一步上涨。

这里简单说明一下，期权的交易单位是一手，一手是一张，一张是 10000 份。交易一张所需要支付的**权利金=市价×10000 份**。如图 8-2 所示，一份合约所需支付的金额为 3146 元。

需要注意的是，我们所说的平值期权、虚值期权、实值期权并不是永恒不变的，因为标的资产的价格是变化的，所以期权的内涵价值也会变化。虚值期权可能变成实值期权，实值期权也可能变成虚值期权。

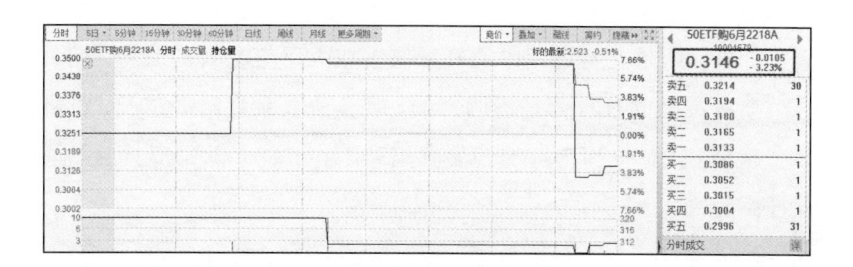

图 8-2

影响期权价格的因素有多种，比如时间，当期权离行权日越近时，价格往往就越低，这意味着你购买所需要支付的权利金就越低。因为期权的核心是未来，认购者期待未来标的资产价格上涨，认沽者期待未来标的资产价格下跌。离行权日越近，意味着购买者期望实现的概率越小，放弃行权的概率越大，卖出方赚钱的概率也越大。

虚值期权的行权价格与标的资产的价格差越大，期权的价格越便宜，因为虚值期权的内涵价值为 0，这个时候要使内涵价值为正，就需要比较大幅的价格变化才能实现。

实值期权的行权价格与标的资产的价格差越小，期权的价格越便宜，因为内涵价值小，如果内涵价值要变大，需要经历较大的价格波动才能实现。

因此，标的资产的活跃性也是影响价格的因素，标的资产越活跃，价格就越贵，因为越活跃意味着实现期望的概率越大。

期权交易者看中的往往是期权的杠杆属性，期权本身其实并不具备杠杆,而是交易过程中的杠杆属性放大了交易者的欲望。而每一个期权产品的杠杆都是不固定的,往往距离到期时间越长,杠杆率会越高。执行价和市价的偏离度越高,杠杆率越高;波动性越强,杠杆率越高。

目前国内的期权交易者并不广泛。一方面是因为,期权作为一种金融衍生品,并没有真正地进入大众投资的视野,比较小众;另一方面是因为,它具有高风险,门槛比较高,并不是所有投资者都可以参与的。

目前参与国内的期权交易有两种方式。第一种,通过证券账户交易,现在上市交易的证券账户有上证50ETF、沪深300ETF、中证500ETF、创业板ETF、深证100ETF。第二种,通过期货账户交易,品类比较丰富一些,如金融期权、商品期权等。

如果想要通过证券账户交易期权,首先必须开通融资融券账户,然后需要申请仿真账户进行仿真交易,至少要完成20笔仿真交易。此外,还要参加线下的网点考试,题型很专业,有一定难度。

如果想要通过期货账户交易,首先必须有期货账户,然后参加考试,考试通过才能交易。这个考试可以通过App在线上完成。如果想要交易金融期权和原油期权,则需要另外开通权限,要满足10笔实盘交易经验,或者20笔仿真交易经验,金融期权还需要满足前5个连续交易日账户结算资产大于或等于50万元,原油期权需要满足前5个连续交易日的账户资产大于或等于10万元。

当然，这个开通条件具体还需要跟你的经纪商进行确认，我这里只是提供大家参考，目的是说明交易期权有一定的门槛，这也是期权交易比较小众的原因。至少目前从形式上来看，它被定义为专业的投资产品，不像股票类，参与门槛低。

另外，金融类期权都是欧式期权，包括 ETF 期权。**欧式期权**，简单理解，就是到期日才能行权的期权。商品期权都是**美式期权**，它随时可以行权，不需要等到行权日。

期权交易实行 T+0 交易制，而且没有涨跌幅限制，交易比较灵活，这也是期权产品限制性条款那么多的原因。"一时做 T 一时爽，一直做 T 一直爽"，可以在一天内翻倍甚至数倍，当然也可以在短时间内倾家荡产。

期权交易虽然有门槛，但是一旦你获得交易权限之后，就可以实现低成本博弈，便宜的期权甚至 5 元就可以交易（如表 8-2 所示），这种低价是其他资产所不具备的，就连基金很多都写着最低购买价格为 10 元。因为期权直接与标的产品关联（如表 8-3 所示），所以如果你做不好股票和期货，那么贸然做期权一定也不是一个明智的选择。

真正亏损的原因并不是持有到期行权或者放弃行权，极少有人会这样做，更多的人都是做短线投机，都是在倒买倒卖的过程中选错了方向导致亏损。

表 8-2

序	代码	名称	**	最新	涨幅%	涨速%	涨跌	总量	金额	持仓量	日增	剩余	内在价值	理论价格	时间价值	杠杆比
1	10005559	科创板50沽6月950		0.0015	400.00	0.00	0.0012	243	2579	375	225	22日	0.0000	0.0008	0.0015	69{
2	10005488	科创板50沽6月1000		0.0043	377.78	19.44	0.0034	6349	15.40万	5004	3337	22日	0.0000	0.0034	0.0043	24{
3	10005560	科创板50沽6月1000		0.0066	340.00	0.00	0.0051	5825	28.64万	4145	2951	22日	0.0000	0.0061	0.0066	15{
4	10005489	科创50沽6月1050		0.0149	181.13	0.60	0.0096	3.96万	402万	20495	15399	22日	0.0000	0.0156	0.0149	71
5	10005487	科创板50沽6月950		0.0008	166.67	0.00	0.0005	1475	7999	1401	1257	22日	0.0000	0.0004	0.0008	133{
6	10004727	500ETF沽6月5750		0.0140	154.55	2.19	0.0085	4.05万	395万	67510	754	22日	0.0000	0.0108	0.0140	43{
7	10005576	科创50沽7月900		0.0015	150.00	0.00	0.0009	15	225	735	15	50日	0.0000	0.0010	0.0015	69{
8	10004726	500ETF沽6月5500		0.0035	150.00	6.06	0.0021	5591	11.84万	25279	1066	22日	0.0000	0.0005	0.0035	172{
9	10005561	科创板50沽6月1050		0.0239	148.96	1.27	0.0143	1.88万	326万	6072	2440	22日	0.0020	0.0237	0.0219	4{
10	10005577	科创50沽7月950		0.0045	136.84	0.00	0.0026	102	3854	510	80	50日	0.0000	0.0045	0.0045	23{
11	10004728	500ETF沽6月6000		0.0675	128.81	0.30	0.0380	12.4万	5574万	77224	4353	22日	0.0170	0.0748	0.0675	8{
12	10005254	300ETF沽6月3500		0.0016	128.57	0.00	0.0009	4426	5.37万	33752	1767	22日	0.0000	0.0008	0.0016	230{
13	10005505	科创50沽7月900		0.0011	120.00	0.00	0.0006	156	1215	398	135	50日	0.0000	0.0006	0.0011	97{
14	10005506	科创50沽7月1000		0.0093	116.28	0.00	0.0050	1037	6.98万	1096	580	50日	0.0000	0.0101	0.0093	11{
15	10005505	科创50沽7月950		0.0030	114.29	0.00	0.0016	301	5627	446	210	50日	0.0000	0.0029	0.0030	35{
16	10004709	300ETF沽6月3544A		0.0019	111.11	0.00	0.0010	1290	1.39万	16503	357	22日	0.0000	0.0019	0.0019	200{
17	10005180	300ETF沽6月3600		0.0060	106.90	9.09	0.0031	1.70万	64.86万	60347	4775	22日	0.0000	0.0049	0.0060	63{
18	10005558	科创板50沽6月900		0.0004	100.00	0.00	0.0002	527	1835	497	414	22日	0.0000	0.0001	0.0004	262{
19	10005462	科创50沽6月3400		0.0010	100.00	0.00	0.0005	175	854	2105	90	22日	0.0000	0.0001	0.0010	634{
20	10004707	300ETF沽6月3347A		0.0006	100.00	0.00	0.0003	191	818	7746	21	22日	0.0000	0.0005	0.0006	634{
21	10005505	科创50沽6月1000		0.0130	94.03	0.00	0.0063	484	4.48万	846	379	50日	0.0000	0.0143	0.0130	8{
22	10005490	科创50沽6月1100		0.0419	90.45	-0.71	0.0199	6.32万	1093万	40294	11568	22日	0.0330	0.0432	0.0419	2{
23	10005594	科创板50沽9月900		0.0062	87.88	0.00	0.0029	6166	30.7万	1801	811	113日	0.0000	0.0057	0.0062	16{

表 8-3

序	代码	名称	**	最新	涨幅%	涨速%	涨跌	总量	金额	持仓量	日增	剩余	内在价值	理论价格	时间价值	杠杆比
1	pg2308c5000	LPG23年08月购5000		4.4	2100.00	0.00	4.2	14	1008	22	12	31日	0.0	0.0	4.4	86{
2	eb2308p6500	苯乙烯23年08月沽6500		20.5	1950.00	0.00	19.5	52	5832	298	20	31日	0.0	3.8	20.5	36{
3	y2309c8600	棕榈油23年09月购8600		9.0	1700.00	0.00	8.5	16	1355	222	0	62日	0.0	0.0	9.0	72{
4	p2309c8800	棕榈油23年09月购8800		7.5	1	0.00	1	80	216	1	0	62日	0.0	0.0	1.8	81{
5	y2309c510	铁矿石23年09月沽510		1.6	1500.00	0.00	1.5	1870	26.96万	2134	137	62日	0.0	0.0	1.6	47{
6	i2309p580	铁矿石23年09月沽580		5.04	1300.00	0.00	1.3	6187	76.83万	22983	361	62日	0.0	1.4	64{
7	y2309c8800	豆油23年09月购8800		6.5	1200.00	0.00	6.0	45	2575	3	0	62日	0.0	0.0	108{
8	b2309c4800	豆二23年09月购4800		6.5	1200.00	0.00	1	65	10	0	62日	0.0	6.5	60{
9	p2309c8900	棕榈油23年09月购8900		6.0	1100.00	0.00	5.5	20	1150	303	20	62日	0.0	0.0	108{
10	y2309c8900	棕榈油23年09月购8900		5.5	1000.00	0.00	5.5	24	1200	892	-11	62日	0.0	0.0	128{
11	p2309c9100	棕榈油23年09月购9100		5.5	1000.00	0.00	5.0	10	550	1830	0	62日	0.0	0.0	118{
12	y2309c9000	棕榈油23年09月购9000		5.5	1000.00	0.00	5.0	7	2585	1840	5	62日	0.0	0.0	118{
13	i2309c490	铁矿石23年09月沽490		1.1	1000.00	0.00	1.0	1021	10.81万	1554	0	62日	0.0	0.0	69{
14	c2309c2300	玉米23年09月沽2300		5.5	1000.00	0.00	5.0	2708	14.91万	3564	365	62日	0.0	0.0	47{
15	y2309c9000	豆油23年09月购9000		5.0	900.00	0.00	4.5	12	600	179	11	62日	0.0	0.0	149{
16	y2309c8600	豆油23年09月购8600		5.0	900.00	0.00	267	1.52万	444	-65	62日	0.0	0.0	140{
17	pg2308c4950	LPG23年08月沽4950		2.0	900.00	0.00	1.8	4	160	0	0	31日	0.0	0.0	189{
18	i2309p480	铁矿石23年08月沽480		1.0	900.00	0.00	0.9	445	9.23万	1730	64	62日	0.0	0.0	76{
19	i2308p610	铁矿石23年08月沽610		1.0	900.00	0.00	0.9	1	100	14	4	31日	0.0	0.0	79{
20	i2308p600	铁矿石23年08月沽600		1.0	900.00	0.00	74	6610	111	69	31日	0.0	0.0	79{
21	c2309c2280	玉米23年09月沽2280		5.0	900.00	0.00	4.5	2658	12.44万	4075	425	62日	0.0	0.0	51{
22	y2309c9100	豆油23年09月购9100		5.0	900.00	0.00	4.5	10	445	96	9	62日	0.0	0.0	156{
23	y2309c8700	豆油23年09月购8700		4.5	800.00	0.00	4.0	33	1815	426	-5	62日	0.0	0.1	4.5	158{

做好期权其实远比做好股票要难，股票选错了也可以拿一段时间，等时间帮你纠错，但是期权不可以，它具有时效性。

所以期权既需要选对时间，又需要选对产品，还需要选对方向，三者缺一不可。

8.2 什么情况下该沽空

不管做什么产品投资，方向的选择无疑都是最难的。当你买入一只股票时，一定是预期其未来方向是向上的，当你买入一只基金时，同样也是预测其未来方向是向上的，对市场有美好的预期才会下注。

做多棉花期货可能是基于天气原因预期将会减产，当然也可能是根据技术面判断未来还要上行，做空苹果可能是因为预期苹果会大丰收……每一次选择的背后都是对未来的预期判断。

在预期未来市场将出现大幅下跌时，专业投资者不会空仓等待市场反转，反而是买入认沽期权。对他们来说，这样的下跌是千载难逢的好机会，一方面这有利于把握反转趋势，另一方面可以给手头仓位做一个对冲。

因为投资者往往很难判断市场走到了什么位置，在情绪达到一定热度的时候，波动会加剧，这种波动的加剧会进一步催化情绪，如果贸然离场，容易错过行情，这种时候买入认沽期权其实相当于为自己的账户买入了一份保险，可以放心地持有股票或者期货仓位，等待顶部的进一步确认。

当顶部信号进一步明显时，就可以卖出仓位，进一步加码到认沽期权。上涨往往是漫长的，但是下跌的速度往往很快，就像亏损一样，亏损的速度永远比盈利的速度要快得多。所以买入认沽期权往往比买入认购期权要承担更低的时间成本，可以在较短的时间内验证自己的预期，所以投资者往往是更愿意买入认沽期权的。

而且在上涨过程中，完全可以持有股票和期货。

期权交易其实在极端行情时更有意义，因为它有能力让你在较短的时间内快速实现财富增值，短周期是更加有利于期权交易的。当市场行情火热到疯狂时，就该考虑反向操作，跟风者往往被套，反向操作者往往获得成功。

当你在上涨中开始极度缺乏安全感的时候，当技术指标严重失真的时候，大概就是可以考虑买进认沽期权、赚取超额收益的时候。但是这样的机会很少，可能一年不曾有一次，甚至好几年才会遇到一次，所以需要足够的耐心来等待。比如，现在（2023年5月，作者写书的时间）的金融市场，很显然不具备这样的机会，可能还需要等待较长的时间。

在这种时候买入认沽期权的好处是，它能够带来意想不到的收入——本金的十倍甚至百倍。而且愿意或者说敢于这样下注的人很少，你可以失败很多次，只需要这样盈利一次就够了，这不同于在平稳的市场中找刺激，而是需要很强的心理素质，因为在别人疯狂时做出这样的决定并不简单。你不仅需要能够允许自己错，还要站在大众的对立面，忍受孤独的摧残。

之所以写本章,是想要大家能够初步了解期权的存在,在经济重心向金融市场过度的未来,随着横向金融的发展,随着金融市场的逐步完善,期权最终一定会走进我们大众的投资视野。

随着利率的持续下行,我们寻求保值、增值产品的需求会不断上升,多样化配置和管理我们的资产会成为一种新的认知,了解更多的投资产品会成为我们越来越刚性的需求。

如果你是一个有心人,可以提前做一些功课。

芒格说,成功者需要具备五点条件:

第一点,不要放任超出自己能力的超前消费;

第二点,精明地投资;

第三点,远离有毒的人和有毒的活动;

第四点,终身学习;

第五点,延迟满足。

第 9 章
期货交易需要注意些什么

- 9.1 期货和现货有什么关系
- 9.2 隔壁老王做期货,一夜之间倾家荡产

9.1　期货和现货有什么关系

期货和期权一样，也是一种合约，持有期货合约时，实际上你并不持有任何实际资产。与股票不同，当你持有股票时，实际上你是持有上市公司的资产，成为上市公司的股东。但是期货又不同于期权，买入期权，相当于买入了一份未来权利，未来可以选择行使权力，也可以选择放弃权利，最大的损失就是权利金。

买多期货合约，或者卖空期货合约，都无法像期权合约一样拥有放弃的权利。当市场朝向预期相反的方向行进时，只能选择平仓离场，或者通过追加保证金来延续期望。

严格地说，期货的交易其实比期权更难，期货自带杠杆，因为是保证金交易，可以以较低的保证金撬动较高价格的资产。比如，当前棉花的市场价格是 29 元/千克，你预计未来棉花的价格会涨到 35 元/千克，于是你花 145,000 元囤了 5 吨棉花放在仓库。

一个月之后，价格真的涨到了 35 元/千克，于是你卖掉了囤的棉花，赚了 30,000 元，收益率达 21%。

如下图 9-1 所示，如果这时你不买入棉花，而是买入棉花期货，那么按照 15%的保证金率，你需要花费 11,842 元，就是说，你只用了 11,842 元的保证金就持有了 5 吨的棉花头寸。如果你的预期是对的，那么这一手棉花期货在一个月之后可以赚取的收益，与你直接囤棉花的收益差不多，11,842 元的本金可以赚取 30,000 元的利润，收益率达 253%。

交易保证金率%	15% 1手保证金(元)	11842.5
● 小贴士：如何计算交易1手需要多少钱？		
最新价		15790
交易乘数 ①	×	5
保证金率	×	15%
1手所需保证金	=	11842.5

* 交易所的基础保证金率为7%，保证金率并非固定不变，交易所和期货公司会根据市场风险状况动态调整，实际收取时以期货公司结算单为准。

| 标准合约

交易品种	郑棉	交易代码	CF
上市交易所	郑州商品交易所		
交易单位	5吨/手(公定重量)	最小变动价位	5元/吨
报价单位	元(人民币)/吨		
交易时间	上午9:00—11:30，下午13:30—15:00，下午21:00—23:00(夜盘)		
最后交易日	合约交割月份的第10个交易日		
合约交割月份	1、3、5、7、9、11月		
交割方式	实物交割		
交割日期	合约交割月份的第13个交易日		

图 9-1

这就是期货的魅力，具有杠杆属性，很多人看到这样的数字可能会惊叹，甚至蠢蠢欲动。且慢，风险与收益历来都是同行的，无数的交易者也正是"死"于这样的杠杆之下，贪婪的欲望和糟糕的资产管理会让你快速地沉没。

以上是基于市场走势和预期一致的情况，期货交易确实可以使你在短期内实现暴富，但是如果市场没有按照你预期的方向行进，而是走向了相反的方向，棉花价格不是涨了 6 元，而是跌了 6 元，那么你的棉花期货合约就可能面临爆仓风险。你的保证金将面临覆没，头寸也会被期货公司强制平仓，这意味着你将狼狈出局，除非你能够追加保证金。

但是期货相比于期权而言，走势更加平滑。对投资者来说，期货里面的操作机会更多，而且连贯性更好。相较股票而言，期货无法做到像股票一样的容错，当你买入一只股票之后，如果发现股价的走势背道而驰，远离了你的期望，不用急着出手，可以等待市场的再次转向，让你由亏损转变为盈利。

期货的容错率更低。首先，其具有杠杆属性，当价格逆向行进时很容易触发预警，如果仓位稍重，你可能根本无法经受住价格的较大幅度波动；其次，一般不允许个人投资者持仓进交割月，这意味着你需要在交割月前了结手中的头寸，时间锁定了容错空间。

不过期货又有其自身的独特性，它不像股票市场的关联性那么强，股票市场交易需要分析大盘环境、板块区间、个股情况，这一切都像是一个整体，每一个环节都会影响你的持仓股走势，因为经济具有传导性。

期货则不一样，每一个品种都可以独立存在，大家彼此并没有很直接的关联，以至于你在分析一种品种未来的走势时可以忽略其他品种的走势，它们并不会对你造成影响。

比如，当你决定买入白糖期货合约时，你可能只需要考虑全球甘蔗的产量，预计今年甘蔗可能会大丰收，这意味着甘蔗供给会很充足，白糖的价格可能会走低，你只需要做空白糖就可以了。

当俄罗斯和中东纷纷宣布石油减产的时候,毫无疑问市场中石油的供应会减少,石油冶炼相关的产品的供应也会随之减少,供给减少往往伴随的是价格的上升,这时是可以考虑做多一波原油的。

当然,这并不是操作的唯一标准,我举这样的例子只是想说明,期货市场中各品种间的关联性并不强,我们操作时的干扰项自然也就没那么多,用心去分析自己专注的产品领域的动态就可以了。

期货和现货是无法分离的,因为几乎每一份合约都对应着一种现货产品。当然,随着金融市场的发展,现在很多金融产品也被当作标的资产来进行交易。比如股指期货,就是以股票指数为标的资产,这属于期货市场中的一个小品类,并不影响我们对期货和现货关系的理解。

在期货市场中主要存在两类交易者:一类是商业生产者和消费者,另一类是投机者。期货市场为商业生产者和消费者提供套期保值的功能;对投机者而言,期货市场是比赌场更加刺激的博弈场所。

商业生产者和消费者通过期货和现货的反向操作来实现套期保值,相当于购买了一份保险,对他们而言,做期货交易并不是为了赚钱,而是为了防范未来的风险。

比如,某苹果种植户预计今年9月苹果会大丰收,大丰收对应的市场价就会比较低,对于这种情况如果不采取措施可能到苹果采摘卖出时会亏钱,那么苹果种植户就可以提前做空对应月份的苹果期货合约,到苹果采摘的时候,如果真的收购价比较低,那么现货苹果可能会亏钱。但是对应的苹果期货的空单就会赚钱,这个时候期货市场的盈利和现货市场的亏损可以对冲掉。

再比如一个大型养殖户，需要在未来买入 10 吨豆粕，他很清楚自己在未来某时段的具体需求，但是并不能确定在未来某时段的豆粕价格。养殖户预计价格可能会上涨，那时买入成本肯定会增加，但是如果现在买入，仓库又无法存放，如果另外租仓库则需要花费额外的仓储费用，肯定是不划算的。

这时养殖户就买入未来月份的豆粕多单，如果未来豆粕的价格真的上涨了，那么平掉手中的多单，盈利的钱可以用来采购豆粕现货，这样可以抵消现货上涨带来的损失。如果未来豆粕价格并没有上涨，反而下跌了，那么养殖户在采购现货上少花的钱可以用来抵消期货多单上面亏损的钱。

通过这样的方式就可以锁定未来的价格，不用担心未来价格的波动对自己的生产经营造成较大的影响，养殖户可以聚焦到养殖本业上，苹果种植户也不用担心未来苹果价格下跌会造成亏损，只需要用心管理好果园，提高苹果的品质就可以了。

这类市场参与者主动放弃了在期货市场获取巨额收益的机会，而是聚焦在实业上，对他们而言，期货只不过是一种价格保险。

但是投机者则与他们完全不同，因为手中没有现货，未来也不会交割现货，反而对价格的判断表现出前所未有的自信，商业生产者和消费者将市场风险交给期货市场，而期货市场中的投机者正好也非常偏好这种风险。

大家要知道期货具有时效性，所以一个产品会以不同的时间生成期货合约，月份较近的合约被称为近月合约，月份较远的合约被称为远月合约。期货的构成是品种加上交割期限，临近交割月份的合约一般交易不活跃，因为郑商所（郑州商品期货交易所，本书简称郑商所）和大商所（大连商品期货交易所，本书简称大商所）是不允许个人投资者持仓进入交割月的，所以临近交割月份的合约通常参与者较少，可能会面临流动性大的问题。

交易活跃的合约被称为主力合约和次主力合约，投机者交易一般选择主力合约交易，因为主力合约人气高，价格的波动大，这样交易的空间也就更大。

一般来说，主力合约在 1 月、5 月、9 月合约中产生，当主力合约临近交割月份时，会让渡到次主力合约，次主力合约自然顺位为主力合约。

图 9-2 是一个铁矿石的期货合约示例，除去铁矿石指数共有 13 个合约可以交易，目前主力合约是 2023 年 9 月的合约，次主力合约是 2024 年 1 月的合约。

通常，远月合约保证金率要比近月合约保证金率高，即买入远月合约需要花更多的钱，因为时间跨度较大，导致未知变数更多，可能面临的市场风险就更大，自然博弈的溢价也就更高。

当然也有相反的时候，近月合约的价格高于远月合约的价格，这基于参与者对市场的判断，市场风向改变的时间节点越来越近，参与者便愿意花更多的钱尽快加入市场，所以才会出现这样的反差。

序	代码	名称	** ●	最新	涨幅%↓	日增仓	持仓量	成交量	投机度	金额	沉淀资金
1	i2308	铁矿石2308		798.0	1.53	1852	140689	2.38万	0.17	19.10亿	29.2亿
2	im	铁矿石主力		766.5	1.32	16748	853802	99.0万	1.16	762.34亿	170亿
3	i2309	铁矿石2309		766.5	1.32	16748	853802	99.0万	1.16	762.34亿	170亿
4	i2311	铁矿石2311		727.5	1.25	1992	48765	1.04万	0.21	7.63亿	9.22亿
5	i2307	铁矿石2307		821.5	1.23	-8999	96360	4.42万	0.46	36.51亿	20.6亿
6	ifi	铁矿石加权		756.3	1.20	17974	1587833	124万	0.78	950.51亿	314亿
7	i2306	铁矿石2306		843.0	1.19	-3	2234	6	0.00	50.43万	7533万
8	i2402	铁矿石2402		698.0	1.16	165	16804	6611	0.39	4.63亿	3.05亿
9	i2310	铁矿石2310		744.0	1.16	268	95459	2.03万	0.21	15.18亿	18.5亿
10	i2312	铁矿石2312		713.5	1.13	1128	35734	9191	0.45	6.60亿	6.63亿
11	i2403	铁矿石2403		691.5	1.10	130	16000	7648	0.48	5.31亿	2.88亿
12	is	铁矿石次主力		706.5	1.07	6095	251781	11.5万	0.46	81.96亿	46.2亿
13	i2401	铁矿石2401		706.5	1.07	6095	251781	11.5万	0.46	81.96亿	46.2亿
14	i2404	铁矿石2404		684.5	0.88	-240	4750	3256	0.69	2.24亿	8454万
15	i2405	铁矿石2405		677.5	0.82	-1162	25455	1.32万	0.52	8.99亿	4.48亿

图 9-2

9.2 隔壁老王做期货，一夜之间倾家荡产

一个精明的投资者往往能够清楚地知道这些月份之间的价差，并从中找到机会点，因为期货合约价格的最终走势往往都会收缩，将这种价差缩小，寻找这种价差中的机会点实质上要比判断方向更容易一些。

期货市场帮助很多人实现了财富的跨越，但是也有很多人在这里面倾家荡产。其实真正的风险并不是来源于市场，而是来源于参与者无尽的欲望，欲望会使人打破规则，而缺乏规则的交易无疑是恐怖的。

失败者往往都源于糟糕的资金管理，因为没有严格的交易规则，所以风险敞口变得很大，给予风险的弹性空间就很小，稍微大

一点的波动就直接让账户面临崩塌。

分享一段期货市场大佬刘强的语录：

这中间无论你赚到百万元还是千万元，你都不能有一次大的失误，只要有一次大的失误，就会让你从零开始。在这里，你不能有任何感情，你的任何喜怒哀乐、贪婪恐惧，都随时可能置你于死地。但是只要是人，他都会有血有肉，都会有情感的波动，这样他就不可能时时刻刻保持冷静。这也是期货市场的大佬很少有"善终"的原因。

在期货市场刘强是有一席之地的，1979 年出生的刘强将大量的时间用在期货研究和交易上，因此他也取得了极大的成功。但是期货市场的残忍之处就在于，无论你曾经赚取过多少个 100%，都无法抵抗一次 100% 的亏损。

2015 年的股市大盘指数一路从 5100 多点跌到 2600 多点，在这其中刘强也从一代传奇走向覆灭，因为他坚定地看多股市后期行情。2015 年 6 月 18 日，刘强开始大量做多股指期货，而且在随后的时间里，刘强不断地加仓，但是市场并没有按他期望的方向走。作为一个资深的交易者，刘强其实很清楚他在做什么，但是情绪终究战胜了规则，7 月 3 日，刘强爆仓，20 多亿资产化为乌有，他破产了。

刘强深谙期市投资之道，更加明白规则对于账户安全的重要性，但是最后还是被欲望蒙蔽，走向了深渊，2015 年 7 月 24 日，刘强在北京华贸中心酒店顶楼平台跳楼自杀。

执行规则并不难，难的是一直执行规则。

无数案例告诉我们，风险管理对于长期主义是多么重要。如果缺乏良好的资金管理能力而贸然入场，任由欲望支配，结局很难善终。

期货交易是孤独的，当然不止期货交易，准确来说金融市场里的任何一种交易其实都是孤独的。期货交易更是一种真正意义上的对抗，空单和多单的数量是均等的，就是说有一张空单才能有一张多单。

所以期货交易很难有朋友，你更无法和你的朋友交流市场未来的看法，因为你的朋友很可能就是你的对手盘，你要获利就只能由他承担亏损。

在这样一种游戏中每个交易者都必须具备独立分析的能力，都必须训练忍受孤独的能力。人是情感的载体，但是交易偏偏让人逆反人性，无欲无求。这是很多人很难做好交易的原因，当主观情绪渗透到交易规则里时，交易规则就已经坍塌了。

如果你是一个有着丰富的爱好，有着热闹的社交的人，其实是不建议进入期货市场的，因为这样丰富的人很难做到聚焦，很难做到排除外界干扰。相反如果是没有什么兴趣爱好，也比较沉默寡言，那么不妨试试，或许在期货市场可以发现另一个自己。

我曾经遇到过一个男孩，我遇到他时他才读大三，那是因为我们跟学校有一些合作，而正好他是我们对接的部门的学生代表。当时跟他几番接触，我感觉很失望，因为他好像不太能听懂我说话，为人很固执，我们的沟通很糟糕，而且他性格非常内向，最后没办法我们只能和他的上一级进行沟通。

那个男孩很爱交易，他当时并不是很懂股票和交易这件事情，还问过我一些基础的股票常识，但是出人意料的是，一年以后他的交割单很亮眼，几乎可以做到很有限的回撤，可以看出他的风险防控能力很强。这可能就是他的性格赋予他的，他可能不擅长社交，但也正是因为对外界的冷漠使得情绪少了起伏，对交易规则的原则性很强。

所以你是否适合做交易，可以对自己进行一个评估。如果确实想要进入期货市场感受一下，不妨学习一下那些精明的交易者，先以小仓位建仓，当趋势朝着自己有利的方向发展时，再逐步加大仓位，并且在自己的盈亏平衡线之上设立止损价位。

最重要的一点是，要严格地执行自己的计划，切记主观臆断。

我们在交易中，错一次就可能使账户毁灭，遵守交易规则可能会使我们错过一些行情，但是能够保证我们在这个市场长期存活下来。

第 10 章
如何升级投资体系

- 10.1 盘后需要高度自律
- 10.2 盘前必做这件事

10.1 盘后需要高度自律

投资胜利者的成功不仅源于他们的知识和技能,还得益于他们的一系列良好的习惯和行为方式。这些好习惯能够帮助他们建立稳健的投资策略,控制风险,并保持长期的投资成功。

我想问大家一个问题:你为什么想要做交易?你为什么想要全职做交易?

我想,很多人的回答可能会是"做交易来钱快,而且轻松,不用朝九晚五,所有节假日都放假,每天只用工作四小时,就可以下班去钓鱼……",这代表着多金且自由。

但是我想说的是,事实并非如此。

做交易的孤独是绝大多数人所无法忍受的,赚钱时的开心喜悦无人分享,亏钱时的落寞沮丧无人分担,每天都对着电脑,这种孤独如果按级别算,应该算几级孤独呢?

就像现在流行的自媒体工作者,在大家看似自由的背后是极度的自律,需要持续性地输出高质量的作品。没有人监督,没有人发工资,所有的动力全部来自内驱力,所有的作品均来自己的强大的执行力。

第 10 章 如何升级投资体系

其实最困难的事情不是管好别人,而是管好自己。

一个成功的交易者绝对不是一个享乐主义者,而是一个极致的自律者,我对他们身上的良好习惯做了一些总结。

成功的交易者知道设定明确的投资目标是取得成功的关键。

他们定期设定长期和短期的投资目标,并对其进行评估和调整。这有助于他们保持目标的清晰性,并根据市场情况和个人需求对投资组合进行适当的调整。有了方向才有标准,目标需要一步步去完成,缺乏目标的努力就好比低头拉磨的驴,只不过是原地打转罢了。

成功的交易者非常重视研究和尽职调查。

他们花时间了解所投资的公司、行业趋势和宏观经济状况。他们阅读公司财务报告、行业研究和相关新闻,以获得对公司基本面和潜在投资机会的深入了解。

他们的大部分时间都花在了解上市公司的身上,而不是在钓鱼上,看似自由的背后是对时间的极致管理。

成功的交易者明白,资产分散是降低风险的关键。

他们不会把所有鸡蛋放在一个篮子里,而是将资金分散投资于不同的资产类别、行业和地区,这样做可以降低整个投资组合受到单一资产或行业冲击的风险。

成功的交易者坚信止损和止盈是成功的投资者的重要策略

之一。他们会在进入交易时设定明确的止损位和止盈位，以限制潜在损失和确保获利。他们也会严格遵守这些止损和止盈位，不会被情绪驱使做出冲动的决策。

制定明确的投资策略，并遵循自己的规则，这是很难做到的，包括对账户的风险管理。投资最难的事不在于建立标准，而在于执行标准，不管你是否相信，这都是事实。

他们了解自己的风险承受能力和投资偏好，并相应地选择投资工具和策略。他们遵守纪律，不会受到市场情绪和短期波动的干扰，坚守投资策略。

我们现在的社会处于信息发达的时代，设计者可以很轻松地将设计好的各种精致诱惑送到你的面前。而这些诱惑都只是为了满足你的多巴胺，占用你的时间，使你沉迷于麻醉的快乐感中。这些都是陷阱，包括现在每个人手机上都会安装的短视频软件。它通过不断地刺激我们的感官，占用了我们大量的时间，让我们几乎成为它的奴隶。

所有这些诱惑，作为一个成功的交易者，都需要具备抵御它们的能力，因为我们的时间是有限的，而我们需要做的事情是丰富而充实的。如果把时间浪费在这些事情上，那么对投资的研究自然就会打折扣，投资的结果自然也会打折扣。

成功的交易者会阅读相关的投资书籍、研究报告和市场分析，参加研讨会和行业会议。他们保持对新兴行业和投资趋势的了解，以适应不断变化的市场环境。

成功的交易者追求长期投资，而不是试图进行短期市场的时机选择。

他们相信时间是他们的朋友，并且能够很好地利用长期持有资产的增值潜力。他们忽略短期波动，专注于长期的价值创造。

他们会定期审查和调整他们的投资组合，会定期检查每个投资项目的表现，并根据需要做出调整。他们也会平衡投资组合，确保这些投资与他们的目标和风险承受能力保持一致。

这些都需要动态地调整，所以看到这里的朋友，应该也能明白之前我提到的"静态的交易体系和知识框架无法适应动态的市场变化"是什么意思了。

除此之外，对于成功的交易者而言，最重要的就是心态，要保持云淡风轻的心态。在做决策时保持冷静和理性，不被市场情绪和"噪声"所左右，而是以客观的态度分析和评估情况。要基于事实和数据做出决策，而不是情绪和直觉。

成功的交易者能够接受投资中的风险和可能的失败。他们明白投资是有风险的，并且准备承担这些风险。他们从失败中学习，不会因为一次失败而放弃，而是从错误中吸取教训，不断改进自己的投资策略。

学习的一级状态是从书本学习，这是我们最常见的学习方法；学习的二级状态是向优秀的人学习，这样效率就大大提高了，将别人总结出来的精华借鉴并转化为自己的东西，这是一种高效的学习方法；学习的三级状态是向自己的错误学习，不断地试错、纠错，这个过程是比较困难的，不断的自我否定又自我修复，相当于将建立在自己地基上的堡垒不断地推倒又重建。

而且，成功的交易者往往都喜欢独立思考，并做出自主的投资决策。他们会听取专家的意见和建议，但最终决策权掌握在自己手中。他们相信自己的判断和分析，并不盲目跟随他人的投资决策，这就避免了做情绪的推波助澜者，只做自己交易的主人，这世界很热闹，而他们选择了人少的路。

他们拥有长期视角和耐心。他们知道投资是一项长期的过程，短期的市场波动并不会动摇他们的信心。

他们坚信长期投资的力量，并且持有投资头寸，直到实现其预期目标。

成功的交易者一定是懂得管理情绪和心理影响的。他们意识到投资中的情绪如贪婪、恐惧和焦虑可能会影响他们的决策。他们会控制情绪，避免冲动行为，并且有一套有效的情绪管理策略。他们懂得放松和减压，保持积极的心态，不被短期市场波动所左右。

他们遵循既定的投资计划和策略，不会因为市场的短期波动而做出随意的调整。他们明白成功的投资需要耐心和纪律，不会轻易被外界的干扰所动摇。

定期评估他们的投资决策和结果，并从中吸取教训。他们不断学习和改进自己的投资策略和技能，以适应市场的变化和新的投资机会。他们保持谦虚，并愿意从他人和自身的错误中学习。

成功的投资者还具备谨慎和风险意识。他们明白投资是一项风险性的活动，并且会评估每个投资机会的风险和回报。他们不会盲目追求高回报而忽视风险，而是通过权衡利弊，做出明智的投资决策。

总结而言，交易者的成功不仅依赖于他们的知识和技能，还取决于他们的好习惯和行为方式。

养成良好的投资习惯，如设定和评估投资目标、充分研究和尽职调查、资产分散和制定明确的投资策略，以及培养正确的行为和心态习惯，如冷静、理性思考、管理情绪和心理影响、接受风险和失败、独立思考和自主决策、长期视角和耐心等，都是投资胜利者的典型特征。

他们不断学习和提升自己的知识，保持谨慎和风险意识，并寻求专业建议。同时，他们也会定期审查和调整投资组合，以适应市场的变化和机会。

这些好习惯不仅有助于他们实现长期的投资成功，还能帮助他们避免常见的投资错误和陷阱。他们知道投资是一项复杂的任务，需要耐心、纪律和持续的努力。

通过养成这些好习惯，投资者可以在不确定的市场环境中更好地控制风险，并提高他们的投资成功率。

需要注意的是，每个投资者的情况和目标都不同，所以好习惯的具体表现可能会有所差异。重要的是，投资者应该根据自己的情况和目标制定适合自己的投资策略和习惯。

同时，投资者应时刻关注市场的变化和风险的演变，灵活调整自己的策略和行为，以适应新的挑战和机遇。

10.2 盘前必做这件事

《大作手回忆录》中记载，桌子上记满了密密麻麻的交易记录，一个成功的交易者的方法真的是这么朴实无华，聪明人用笨办法，但是笨办法往往有奇效。这方法放在我们现在很多交易者的身上也是一样的，他们回去做大量的交易记录，通过对交易记录的监控和反思找到自己的不足，并且在下一次交易中做出相应的调整。

作为一个优秀的交易者，盘后盘前的时间绝对不是枯燥的等待，而是大量的准备工作。交易者会在开盘前浏览最新的市场新闻、公司公告、财务报告和其他相关资讯。他们会关注国内外的经济动向、行业趋势和公司特定的消息，以获取对市场走势和潜在交易机会的了解。

交易者会使用技术分析工具和图表来评估股票、期货或其他交易资产的走势和形态。他们可能会绘制支撑位和阻力位，分析趋势线、指标和其他技术指标，以制定交易策略。

交易者会制定具体的交易计划，包括确定进出场点、止损位和止盈位。他们会根据市场情况和个人风险承受能力制定规划，以确保在交易中保持纪律和一致性。

交易者会评估每个交易的风险，并制定相应的风险管理策略。他们会确定适当的仓位规模，确保单个交易不会对整个投资组合造成过大的影响。他们也会考虑止损和止盈策略，以控制潜在损失并保护利润。

交易者会密切关注市场的预期和情绪。他们会观察市场参与者的情绪波动，如投资者情绪指标、市场波动性和交易量。这有助于他们了解市场的整体走势和可能的短期波动，从而调整他们的交易计划和策略。

交易者会进行心理准备工作，以应对潜在的市场波动和压力。他们可能会进行冥想、呼吸练习或使用其他放松技巧，以保持冷静和专注。

此外，一个成功的交易者还可能会有其他准备工作，这取决于他们的个人偏好和交易策略。

交易者会设定明确的交易目标，包括预期的回报率、投资时间段和风险承受能力。这有助于他们在交易过程中保持聚焦，并评估交易的成功与否。

交易者可能会关注市场指数和相关资产的走势，以了解整体市场的表现。这有助于他们判断当前市场的整体趋势和可能的机会。

交易者可能会建立观察清单，列出他们感兴趣的潜在交易机会。这有助于他们在开盘时快速评估和筛选潜在的交易候选者。

交易者会关注财经日历，以了解即将发布的重要经济数据和事件。这些数据和事件可能会对市场产生重大影响，从而影响交易决策和市场预期。

此外，一个成功的交易者会根据个人经验和偏好，不断优化和调整他们的开盘前准备工作。他们会反思和学习每个交易日的经验，以不断提升自己的交易能力和决策水平。

成功的交易者往往是孤独的。

市场的真相往往掌握在少数人手中，这也是为什么大家在这个市场很难赚到钱的原因。多数人走的路确实热闹，但是往往少数人走的路才通往成功。情绪像是一股洪流，而我们要想在市场中取得一些成绩，就必须不被主流情绪裹挟。

做自己很难，很多人在市场中摸爬滚打数十年，都不知道自己是什么样子，或者应该是什么样子。

最近经常看一些演讲，有一个观点我很认同，尽管它残酷不堪，但却是血淋淋的事实。这就是我们的习惯，并不是由我们自发而形成的，而是来源于市场的培养，来源于资本家的精心设计，这是很残酷的。

比如，现在各种各样的节日很丰富，有些节日是随着社会的发展而衍生出的新事物。比如双11、双12购物狂欢节，这在电商兴起之前是不存在的,是电商背后的资本设计了这些节日,以促进消费者消费。再比如"5.20"(指5月20号)这种含有特殊谐音的日子,也被定义并培养成为习惯,这一天的鲜花、口红、包包,包括酒店和避孕套,都会特别畅销。

这一天被赋予爱之名,如果你不做点什么,就是不爱,这种附带价值观的习惯培养显得多么拙劣不堪但是又精于人性,你能怎么办呢?是不是感觉难以左右,舍不掉,又逃不脱。

在交易市场同样如此,可能大家并没有很直观的感受,因为你已经沉浸其中。当一种行为成为习惯之后,你是不会察觉到设计者的存在的,更不会觉察到设计者是多么可恶,他们正在利用你的这种习惯大把大把地捞钱。

而这种设计的精巧之处也正源于精准的人性把控。不知道你有没有去蹦迪的经验,当你身处那种环境的时候,当音乐响起,当DJ开始抖动呐喊的时候,是不是身体也会不自觉地跟着舞动起来,尽管舞姿很拙劣,但是依然抵挡不住音乐的魅力而融入其中。当酒销(酒水推销人员)走到你面前,一声声大哥大姐叫唤起来的时候,尽管你可能已经喝不动酒了,但是还是会继续加酒,因为这种感觉太好了,多巴胺的分泌让人上头。

而此时你不知道的是,酒吧老板正在台后监控着这一切,正在盘算着今晚的营业额。

所以真正的胜利者往往只是气氛的制造者,他们掀起这股情绪,然后退到一边,做一个旁观者。我们经常会听到"点火"这个词,这在二级市场并不少见,一些资金量较大的游资通常就会使用这样的方法,利用"点火"的方式来组织市场中的跟风者,快速地拉升某一只股票,这会引起市场的注视,而真正强大的力量是群体力量。

当市场开始注意到这只股票的时候,他们的目的也就达到了,市场中的人们认为这只股票启动了,纷纷跟风入场,股价在市场的涌入下一路高升,而造势者在完成"点火"动作后通常就开始观察,市场的跟风情绪如何,在一旁笑着看大家把股价抬高,看着自己的账户在市场的力捧之下不断地扩大收益。

而随着跟风者越来越多,他们会选择离开,带着胜利的果实远离这场疯狂的盛宴。而他们的离开,也会让市场的情绪出现裂痕,乐观者开始意识到不对,于是一场情绪崩塌的浩劫便悄然而至,迅速地洗劫市场。后面的跟风者还沉浸在胜利的喜悦之中的时候,账户已经不堪入目,当他们还认为这只是短暂的,价格还将继续创新高的时候,股价已经朝着相反的方向大步迈进。

这就像 17 世纪中期的荷兰郁金香泡沫一样,当一朵花被赋予了梦想的时候,人们便开始为之疯狂。都认为郁金香的价格会不断地创出新高,所以总有人愿意接手,当人们被情绪主导的时候会罔顾风险,因为梦想足够大,所以风险就没有了生存的空间。

但是不要忘记,风险终究是风险,不会因为梦想足够大而消失。所以最后郁金香市场的梦想泡沫破灭了,无数人为之倾家荡产,少数人在其中赚得盆满钵满。

胜利者选择的路往往都是孤独的,逆反人性的,但也正是因为如此,他们没有被人性裹挟。而是抓住了人性,并成为人性的受益者。所以巴菲特说"在别人疯狂时我谨慎,在别人谨慎时我贪婪"。

写给读者朋友的一封信

亲爱的读者朋友你好：

见字如面。

投资是一件极其困难的事情，这条路上充满了挑战和艰辛，不仅需要专业知识来武装自己，还需要不断地对抗自己的主观意识。很高兴，您能一直坚持摸索前行，饱含希望与热情，这是一场苦旅，你我皆行人，所以其中欢乐也自不必言说。总之，所有的付出都会被看见，结果不会辜负每一个心怀梦想且求真务实的人。

很高兴能够以这样的方式与你见面，与你交流我对投资的理解。而你能够在我的文字前驻足，实属我之荣幸，真心希望我浅薄的表达能够为你的投资之路添砖加瓦。这条路很漫长，也很艰难，需要我们保持永远学习的状态，与时代同行，与先进理念同行，时时新，日日新，未来还有很长的路，我们一起走下去。

首先，我想强调的是风险管理的重要性。投资是一项风险与回报之间的平衡游戏，在追求高回报的同时，我们必须时刻牢记风险控制的重要性。建立一个合理的投资组合，分散风险，是降低投资风险的关键。不要把所有鸡蛋放在一个篮子里，而是将资金分散投资于不同的资产类别和行业，以降低整体风险。

其次，持续的学习和研究是成功投资的基石。投资领域日新月异，市场变化迅速，我们需要不断地更新知识，了解市场趋势和新的投资机会。阅读经济新闻、研究公司财报、关注行业动态等，都是提升投资能力的重要手段。同时，要善于利用各种投资工具和技术分析方法，辅助我们做出明智的投资决策。

再次，情绪管理也是投资成功的关键因素。市场充满了情绪波动和投资者的情绪行为。贪婪和恐惧是我们投资过程中最大的敌人。当市场看涨时，我们要保持理性，不要被盲目乐观所蒙蔽；当市场看跌时，我们要保持冷静，不要被恐慌所驱使。学会控制情绪，以冷静客观的态度对待投资，才能做出明智的决策。

最后，投资是一项长期的过程，需要耐心和坚持。市场的短期波动不可避免，但长期来看，优秀的公司和行业总是能够实现价值增长的。因此，不要被短期的波动所干扰，要以长期的眼光进行投资规划和决策。

亲爱的朋友，投资是一项具有挑战性的事业，但也是充满机会的旅程。我希望你能够保持谦逊和学习的态度，不断提升自己的投资能力。记住，成功的投资需要时间、耐心和坚持。在这个过程中，不要忽视风险管理的重要性，始终保持良好的情绪管理，并持续学习和研究市场。同时，要保持对长期价值的关注，不被短期的波动所影响。

最重要的是，投资是一项个人化的活动。每个人的风险承受能力、投资目标和时间周期都不同。因此，不要盲目跟风或听从他人的建议，而是根据自己的情况和目标做出决策。要相信自己的判断和决策能力，并坚守自己的投资策略。

最后的最后，投资是一项持续学习和发展的过程。随着经验的积累和市场的变化，你的投资策略可能需要不断地调整和优化。保持开放的思维和灵活性，随时准备应对变化，才能在投资的道路上越走越远。

祝愿你在投资的旅程中取得成功！

祝好！

你的朋友 罗帅